MOVE FAST AND BREAK THINGS

How Facebook, Google, and Amazon Cornered Culture and Undermined Democracy

冲击波

对美国互联网巨头的文化思考

[美] 乔纳森·塔普林 ◎著
(Jonathan Taplin)

何万青 ◎译

机械工业出版社
China Machine Press

图书在版编目（CIP）数据

冲击波：对美国互联网巨头的文化思考 /（美）乔纳森·塔普林（Jonathan Taplin）著；何万青译 . -- 北京：机械工业出版社，2022.6

书名原文：Move Fast and Break Things: How Facebook, Google, and Amazon Cornered Culture and Undermined Democracy

ISBN 978-7-111-70948-0

Ⅰ. ① 冲… Ⅱ. ① 乔… ② 何… Ⅲ. ① 网络公司 – 企业管理 – 经验 – 美国 Ⅳ. ① F279.712.444

中国版本图书馆 CIP 数据核字（2022）第 094225 号

北京市版权局著作权合同登记 图字：01-2017-7511 号。

冲击波：对美国互联网巨头的文化思考

出版发行：机械工业出版社（北京市西城区百万庄大街 22 号 邮政编码：100037）

责任编辑：朱 劼 许婉萍　　责任校对：马荣敏

印 刷：北京联兴盛业印刷股份有限公司　　版 次：2022 年 6 月第 1 版第 1 次印刷

开 本：170mm × 230mm 1/16　　印 张：15.75

书 号：ISBN 978-7-111-70948-0　　定 价：79.00 元

客服电话：（010）88361066 88379833 68326294　　投稿热线：（010）88379604

华章网站：www.hzbook.com　　读者信箱：hzjsj@hzbook.com

推荐序一

互联网是20世纪的一项伟大成就，极大地推动了世界的进步，为社会、经济、生活注入了活力，推动了云计算、大数据、人工智能的发展，也催生了新的经济模式。本书关注的互联网平台企业所依赖的商业模式，也就是多边平台经济，是互联网时代最具代表性的商业模式。

作者的工作经历主要来自电影、电视和音乐领域，其职业生涯的前30年中有很多愉快的经验。他从艺术工作者的角度，通过案例阐述了互联网对艺术作品、相关行业工作者的影响，甚至对美国文化带来的影响。

作者的第一个案例是分析Napster音乐共享软件给音乐界带来的灾难性影响。作者根据自己在音乐行业的亲身感受，认为产品收入的分布一般符合帕累托曲线，也称为 80/20 法则，即一家电影或唱片公司 80% 的收入来自其 20% 的产品。但是，到 2015 年，在音乐行业中，80% 的收入来自 1% 的作品。少数人变得非常富有，大多数音乐家则赚钱很少或没有赚钱。这是因为搜索引擎的本质特性，将最受欢迎的项目推到了搜索结果的顶端，强化了这种“赢家通吃”的局面。

“赢家通吃”的本质是互联网的梅特卡夫定律在发挥作用。梅特卡夫定律阐述的是网络的价值与用户数的平方成正比。经济学、管理学领域的专家也对网络效应开展了研究，为多边平台的研究奠定了基础。1876 年，贝尔发明了电话。使用电话的人越多，它的价值就越高。这种现象被称为直接网络效应。

经济学者将网络的效益进一步划分为直接网络效应和间接网络效应。在经济学中，为了阐述间接网络效应，将用户按属性分为不同的群体，如果平台对于某一群体的价值取决于其他不同群体有多少成员参与，那么这种网络效应就称为间接网络效应。如果参与平台的每个人看上去都一样，则间接网络效应就不明显。

例如，PC 时代属于单边市场，软件开发商既要研发软件，又要自行销售软件。到了移动互联网时代，乔布斯创造了苹果生态，开启了软件商店新模式，这就属于典型的多边市场模式。最终，用户通过苹果应用商店选择 App，App 开发商则努力进入苹果应用商店，两类用户之间形成了正面的间接网络效应，给苹果公司带来了极大的收益。App 模式也逐步成为流行的软件开发和部署模式。同样地，在餐饮行业，大众点评、Yelp 等为餐馆和客户提供了很好的服务；在交通服务行业，美国的 Lyft、Uber 等成为重要的多边平台。

但是，多边平台会产生所谓“创造性毁灭”的后果，在创造新的工作机会的同时，有时候也会消灭另一些传统的工作岗位。例如，互联网新闻等的出现就降低了传统报业公司的市场价值。

多边平台市场是互联网的产物，互联网的特性在这一平台上表现得淋漓尽致。互联网的特点是可以让头部企业的规模发展得很大，即使只有微弱的优势，但通过时间的发酵，就会形成巨大甚至垄断性的优势。这时，就需要研究引导多边平台市场健康发展的监管方法与规则，在发展独角兽企业的同时，制定合理的多边平台竞争策略，解决消费者数据安全问题，防止资本的无序扩张，保障中小企业和个人消费者的利益。

虽然多边平台的愿望是“消灭所有看门人”，但真正发生的事情是，新的看门人（多边平台）取代了旧的看门人。书中提到，尽管 YouTube 是全球最大的流媒体音乐网站，占有 52% 的市场份额，但它只为音乐行业贡献了 13% 的收入。时代华纳公司的市值不到谷歌的十分之一，娱乐界的力量天平已倾向多边平台。美国新兴产业劳动力的调查表明，互联网促进就业不是事实。因为科技公司在标准普尔 500 指数（记录美国 500 家上市公司的股票指数）中约占 21%，但它们只雇用了美国劳动力的 3%。这会导致未来社会生活水平停滞、不平等加剧、教育水平下降和人口老龄化。劳动力的“优步化”，将工作分解为外包任务，将工资分成小额支付。平台上的工作人员没有保障，也没有福利。马萨诸塞大学的研究员莎拉·金斯利发现，众包工作模式的真正问题是全球劳动力套利，资本总是在全球化经济中寻找最低价格的劳动力。

作者通过大量事例分析了互联网给若干行业以及美国社会带来的深刻影响。从影视音乐创作看，虽然数据能很好地向人们展示目前的流行趋势，但对引导艺术发展方向并无帮助，因为伟大的突破来自以前从未做过的事情。对数据的依赖使得好莱坞和影视企业陷入了重拍和制作续集的文化泥沼，因为在互联网时代，只有大数据认同的作品才能成功。作者希望脸书和谷歌之类的公司改变其商业模式，在保护用户隐私的同时，帮助数以千计的艺术家创造一个可持续发展的文化环境——而不仅仅是让几个软件设计师成为亿万富翁，更好地发挥创意艺术家在社会中的作用。作者认为，为了创造一个新的艺术复兴时代，需要一个真正好的公共媒体系统，但是美国公共电视领域的表现不尽如人意。要摆脱技术带来的危机，唯一的办法是以某种形式保障全民基本收入、实行免费医疗和缩短工作时长。瑞典已经有一些雇主将员工的工作时长减少到 6 小时，芬兰也在尝试收入保障制度。

从社会运行看，在美国，平台巨鳄们可以影响国家立法，甚至直接干预社会运行。作者认为，谷歌、脸书和亚马逊靠政治游说和公关来巩固其独特的市场地位。由于监管被美国政府支配，只要在华盛顿宣扬“监管会抑制增长”的声音占上风，垄断就会自由扩散。2012 年，美国电影和音乐行业支持的《禁止网络盗版法案》(SOPA) 是一项旨在限制访问那些托管或支持盗版内容交易的网站，打击侵犯版权行为的立法提案。该提案专门针对谷歌等与盗版网站相关联的搜索引擎。但是，该提案出台后的第二天，谷歌将有关图片在搜索主页上置顶，图片含有“审查”和“告诉国会”两个词，用户点击后会直接发电子邮件给国会。国会的电子邮件服务器不堪重负，最后迫使众议院司法机构主席拉马尔·史密斯撤回了该提案。

技术是双刃剑，有人认为是天使，有人认为是魔鬼。作者认为，互联网精英人士需要摆脱自由派的影响。互联网技术先驱、万维网的发明者蒂姆·伯纳斯–李在分布式网络峰会上说：“互联网曾经很伟大，但是网上间谍行为、屏蔽网站、窃取他人内容、链接至错误的网址等，这些完全违背了互联网帮助人们守正创新的精神。”

技术在发展，社会也要持续进步。发展中会不断遇到问题，但我们必须前行，在发展中解决问题。近期，元宇宙成为新热点。从理性角度看，元宇宙是网络空间（Cyberspace）的再一次延伸和拓展，增强现实（AR）/ 虚拟现实（VR）的引入，不仅是在 PC、智能手机的基础上增加了一类终端，更重要的是增加了一个连接虚拟世界与现实世界的新桥梁、新界面，既有虚拟世界置换现实世界，也有现实环境与虚拟环境相互混合，还有虚拟世界在现实世界上的叠加。当虚拟世界与现实世界相互融合时，依然会有各种各样的问题出现，我们必须保持理性，及时分析问题、解决问题，从政策、行业规则等多个方面提出解决问题的办法，在保障行业、技术稳步发展的同时，让技术更好地为人类服务。

畅想未来，“五维世界”正向我们走来。我们生活的现实世界是四维世界，前三维是地理空间的经度、纬度、高度，第四维是时间。从远古到未来，历史是一个连续变化的过程，我们可以在一定程度上回溯过去的某段历史，但是我们无法完整呈现某个时段的历史。我们将从现实世界到虚实交融世界的连续变化称为第五维，完全现实是这个维度的零点，现实与虚拟完全交融是无限远处，这个轴是连续或者离散的变化过程。互联网早期的邮件地址、电话号码等是虚拟世界的萌芽。现在，刻画个体虚拟特性的内容越来越多，不仅有社交账号、通信记录、网购记录、飞行记录、旅游记录，也包含携带的传感器、辅助外力装置，等等。数字孪生、元宇宙等会将虚拟部分的技术向前推进，最终达到现实与虚拟的完全融合。

互联网给我们带来巨大变化，形成巨大冲击，五维世界对社会规则、世界文明可能带来更大的变化和冲击，值得我们深入思考，未雨绸缪。

苏金树

中国计算机学会互联网专委会主任，国防科技大学教授

推荐序二

任何一个时代，创新者都更容易受指责，因为他们在颠覆旧规则的同时，建立的新规则或多或少对自己有利。尤其是在数字革命的背景下，创新者同时兼具商业企业和公共服务平台两种特性（谷歌的搜索和脸书的社交都已经成为公共服务的重要部分）。这时对这些创新者的监管就尤其重要：既不能破坏创新者的先进性（尤其是网络的梅特卡夫定律，想想当年拆分 AT&T 造成的美国移动通信产业的落后局面吧），又不能纵容创新者利用平台优势造成不公平竞争（所以网络中性化的讨论不可或缺，对亚马逊那种歧视产品供应商的情况也要足够警惕）。

不过，我们需要用发展的眼光看问题，既不回避问题，也不抱残守缺。作者虽然是亲身参与互联网发展的专业人士，却片面强调了互联网的垄断性（其实垄断性是科技产业的核心特征，当年美国汽车产业也基本上被通用、福特垄断了），把唱片产业的萎缩当成了互联网压迫内容创作者的证据（其实唱片产业对内容创作者剥削严重，从分成比例就能看出来，反倒是互联网降低了内容创作门槛，促进了内容产业的繁荣，只不过采用数字发行方式，导致唱片公司衰落了）。所以读这本书是对读者分析能力的考验，看看在作者翔实的案例背后，你能否不受他的论证所干扰，真正看懂互联网乃至数字经济的本质特征和发展趋势。

王煜全　科技前哨

译者序

不忘初心，方得始终

> 子贡曰：“君子之过也，如日月之食焉。过也，人皆见之，更也，人皆仰之。”
>
> ——《论语·子张篇》

本书的英文版是2017年出版的，在5年之后的今天，书中的内容和故事仍然能引人思索。2019年，我初次读到这位著名的南加州大学安纳堡创新实验室教授的作品时，直观的感受是这本书由互联网发源地的一位被数字革命冲击的学者写就，他的视角能够帮助我们避免盲点效应：“横看成岭侧成峰，远近高低各不同，不识庐山真面目，只缘身在此山中。”读这本书时，我常常想起另一位法国学者、社会学家弗雷德里克·马特尔的互联网田野调查之作——《智能：互联网时代的文化疆域》。2016 年，我在央视《读书》节目上分享该书时，还没有“躬身入局”互联网行业，但从书中理解到互联网在世界不同的国家、地区，与当地的经济、制度和文化相结合，会展现完全不同的形态，也会出现不同的问题和机遇。

近几年，我们对互联网和数字经济在民生上的巨大作用有了亲身的体验，无论健康码、电商物流、公共科研上云，还是人们通过钉钉、Zoom 等来实现远程会议和在线授课，互联网和数字经济从来没有像今天一样，成为水电一样不可或缺的基础设施。任何事物都有两面性，高速发展的互联网尤其如此。塔普林教授提出的问题具备一定的普遍性。也许我们迟早会明白，书中提出的寻租、垄断、盗版、赢家通吃和数据风险等问题并不是特定技术和时代的问题，而是和人性相关的挑战，需要在数字经济的发展过程中正确面对并加以解决。

美国作为互联网的发源地，同时也是全球互联网产品和数字经济的战略高地。塔普林教授的这本书，从一个亲身经历美国互联网冲击的学者角度，为理解发展过程中所面临的经济、制度、法律、文化和价值观的挑战提供了他山之石，有志于互联网产品和服务全球化的读者可以从中理解产品需要面对的文化差异和挑战。

“不忘初心，方得始终”，希望这本思考美国互联网的现象级著作能提醒我们不忘互联网“去中心化”的初心，推动科技向善，行正致远。

何万青

简　介

本书描述了极具吸引力的一小群自由派企业家，他们在20世纪90年代初“背离”了互联网去中心化的初心，逐步创造出互联网三巨头，即脸书（现更名为Meta）、亚马逊和谷歌，它们现在对音乐、电影、电视、出版和新闻行业的未来有举足轻重的影响。

作者用简洁有力的语言讲述了这些公司的创始人的价值观是如何影响互联网并造成了今天互联网上的一些问题：无视对书籍、音乐和电影的盗版，隐藏在不透明的商业行为背后，牺牲个人用户的隐私，形成监测–营销（大数据推送）的一元文化。而我们正置身其中。

这是一个关于权力集中带来巨大利润的故事。自2001年以来，报纸和音乐行业的收入下降了70%；图书出版、电影和电视的利润也大幅下降。同期，谷歌的收入从4亿美元增长到745亿美元。如今，谷歌的YouTube控制了所有流媒体音频业务的60%，但只向艺术家支付其收入的11%。越来越多的创意内容被消费，但流向内容创作者和所有者的收入越来越少。

随着资金向垄断平台重新分配，权力发生了转移。在美国，脸书、谷歌和亚马逊现在享有与大型石油公司和大型制药公司同等重要的政治影响力，这在一定程度上解释了原本应流向艺术家的收入是如何转移到互联网平台的，以及这么长时间以来这种分配方式没有受到挑战的原因。

这里的利害关系影响的远不止任何一个音乐家或记者的生计。如塔普林所见，这些互联网公司渐渐控制了人们看到的新闻、听到的音乐和其他形式的娱乐，这一事实对人们构成了真正的威胁。本书为艺术家如何运用经验和合作来重新赢得观众提供了一个重要且具备前瞻性的方案。作为从业长达半个世纪之久的音乐和电影制作人，以及在线流媒体视频的开拓者，作者提供了新方法来让我们思考万维网的设计理念，特别是我们与主导它的公司共处的方式。

前言

我认为自己写的是一个文化博弈的故事。博弈的一方是一些自由派的互联网亿万富翁，即那些给你带来谷歌、亚马逊和脸书的人；而另一方是音乐家、记者、摄影师、作家和制片人，他们正试图找到在数字时代继续谋生的方法。在我的一生中，大部分时间都在为鲍勃·迪伦、The Band 乐队、乔治·哈里森和马丁·斯科塞斯等艺术家和乐队制作音乐和电影。我所处的媒体行业的未来（更不用说艺术家在社会中的作用）对我至关重要。我足够幸运，在一个艺术家可以靠他的音乐或电影获得体面生活的时候开始我的职业生涯并小有成就。但那样的日子已经过去了。自 1995 年我最后一次制作电影以来，大多数流行艺术形式都采用数字传播方式积聚了一些人气，同时让没有采用这种方式的艺术家陷于阴影之中。今天，任何一个年轻的音乐家、制片人或者记者，都需要认真考虑进入这个已经被数字技术侵蚀得面目全非的行业的前景。

越深入探究艺术家在数字时代挣扎的原因，越能看到问题的症结在于互联网垄断，而不是艺术家本身。网络对我们的生活乃至世界经济都至关重要，然而网络该如何发展却从未经我们投票。这些决定由谷歌、脸书和亚马逊（及一些其他公司）的工程师和高管做出，然后未经仔细审查就塞给我们，结果就形成奥巴马（美国前总统）提到的“狂野西部”，那里没有隐私和安全，每一个公民都容易受到犯罪、公司和政策的侵害。正如奥巴马在《经济学人》中所说：“一个由少数人塑造的资本主义并不会对多数人负责，这意味着对所有人的威胁。”

而互联网也在动摇美国的民主。在推特上，唐纳德·特朗普（美国前总统）发现了他表达自我的完美载体，在这里，他可以抨击所有他认定的威胁者。根据加州大学校长埃德·瓦瑟曼的说法，脸书（44% 的美国人获取新闻的主要来源）对特朗普当选总统同样负有责任。他认为，特朗普能够在脸书上把他的信息传递出去，这种方式具有巨大的影响力，并且不需要在信息触达大众前进行我们通常所说的质量检查。脸书充斥着真真假假的新闻报道，BuzzFeed 曾报道过，在美国总统竞选的最后三个月里，脸书上阅读量最高的虚假选举新闻报道获得的关注比《纽约时报》《华盛顿邮报》《赫芬顿邮报》以及美国全国广播公司等主要新闻媒体的头条报道更高。正如欧亚集团总裁伊恩·布雷默对《纽约时报》所说：“如果不是社交媒体，我看不出特朗普会赢。”

但控制主要互联网公司的自由主义者并不真正相信大众。领导这些公司的人更倾向于相信所谓的精英，在这种情况下，只有“最聪明”和最富有的人才能决定大众的未来。脸书的主要投资者和PayPal的联合创始人彼得·泰尔认为，美国社会的主要问题是存在一群“不思考的人”，他们以民主之名制约资本主义的发展。泰尔告诉《华尔街日报》专栏作家霍尔曼·詹金斯，只有2%的民众、科学家、企业家和风险投资人了解正在发生的事情，其余98%的人什么都不知道。

我最初误以为这只是一场文化博弈，但其实这是一场经济博弈，它很可能是数字时代美国资本主义的一个预演。《经济学人》在题为《赢家通吃》的特刊中发表社论说：“企业正在滥用垄断地位，或利用游说来扼杀竞争。这个游戏可能真的被操纵了。”社论中还提到，美国需要进行重大改革，其中不乏更积极甚至是直接的反垄断行动，还要对国家的大部分数据掌握在少数大公司手中是否合理这个话题进行讨论。在改革中，还要重新审视企业游说的问题，这已成为公司保护自身的一个关键机制。垄断地位、数据控制和企业游说是创意艺术家与互联网巨头之间博弈的核心。但我们需要明白，不久以后，我们每个人都会从艺术家的角度思考这个问题。音乐家和作家首当其冲，因为他们的行业是最早被数字化的。正如风险投资人马克·安德森的预测，软件正在吞噬世界。很快，技术专家也会来抢夺你的工作，就像他们会继续来拿走你更多的个人数据一样。

这些数字巨头的崛起与美国创意产业的衰落直接相关。我想将数字垄断真正崛起的时间标记为2004年8月，当时谷歌首次公开募股，筹集了16.7亿美元。2004年12月，谷歌的搜索市场份额仅为35%，雅虎为32%，微软为16%。今天，谷歌在美国的市场份额为88%，在世界某些地区可能更高。亚马逊在2004年的净销售收入为69亿美元，2015年，它的净销售收入就达到了1070亿美元。现在，亚马逊控制了在线新书发行65%的份额，无论传统印刷还是数字发行都是如此。在这11年里，社会财富再分配的环节发生了巨大变化——每年大概有500亿美元的经济价值从内容创作者转向垄断平台所有者。自2000年以来，美国唱片音乐的收入从每年198亿美元降至每年72亿美元，家庭视频收入从2006年的216亿美元下降到2014年的180亿美元，美国报纸的广告收入从2000年的658亿美元下降到2014年的236亿美元。虽然图书出版收入保持平稳，但这主要是由于儿童图书销售额的增加弥补了成人图书近30%的跌幅。同期（2003～2015年），谷歌收入从15亿美元增长到745亿美元。据《广告周刊》报道，截至2016年，谷歌成为世界上最大的媒体公司，它将600亿美元的广告费用收入囊中，比排名第二的迪士尼公司高出166%。谷歌在线广告的主导地位，意味着它的收入远超像迪士尼这样的电视巨头的广告收入（后者控制着美国广播公司、娱乐与体育电视网和迪士尼频道）。而且由于在线收入所占份额极大，跨国品牌在谷歌（和脸书）上支付了高昂的广告费用，而它们当然会以更高的价格把成本转嫁给消费者。

支付给内容创作者的收入急剧下降，这与人们在听音乐、阅读书籍或观看电影和电视节目上所投入的时间越来越少无关。事实上，所有的调查都指向了相反的方向——谷歌上搜索量最高的都是娱乐版块的内容，数字垄断的兴起导致内容创作者的收入下降并不是偶然，这两者密不可分。世界上最大的五家公司（以市值计算）是苹果、谷歌、微软、亚马逊和脸书。用三言两语很难说清这五家公司在我们的经济生活中扮演了多么重要的角色，但可以通过 2006 年和 2016 年世界上最具价值上市公司市值的对比来一探究竟，如图 0-1 所示。

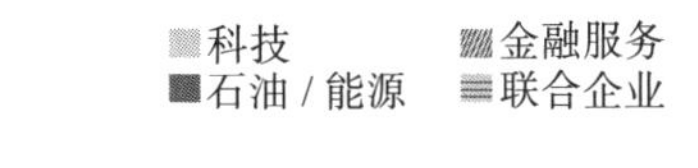

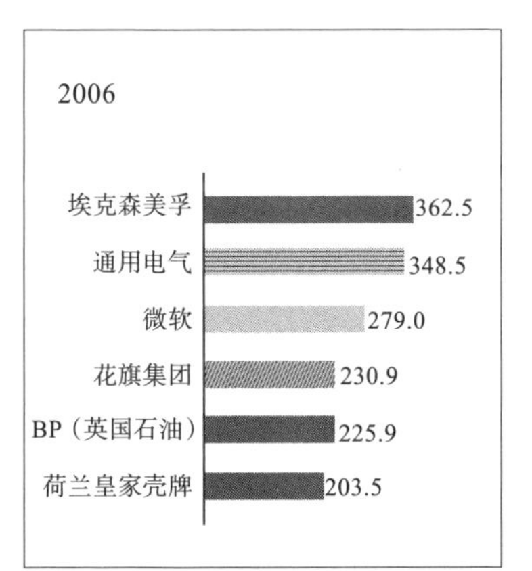

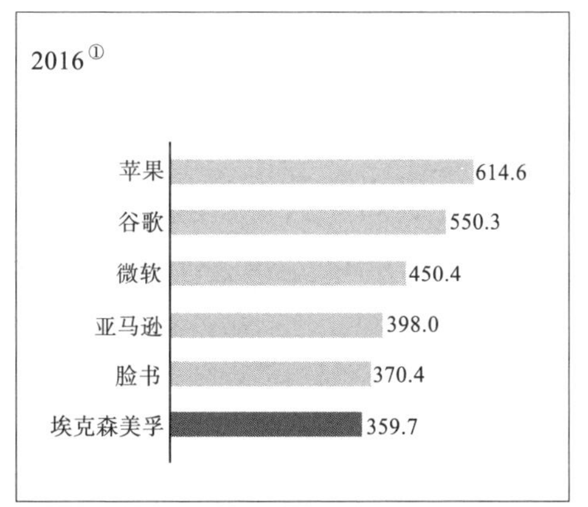

① 时间截至 2016 年 10 月 7 日

资料来源：雅虎财经，《福布斯》

图 0-1 2006 年和 2016 年世界上最具价值上市公司市值的对比（单位：十亿美元）

现实的变化远比市值变化更为深刻。自20世纪初西奥多·罗斯福开始挑战约翰·D.洛克菲勒和摩根大通的垄断地位以来，这个国家从未面对过财富和权力如此集中的局面。奥巴马的经济顾问彼得·奥扎格和贾森·弗曼认为，数字革命所造就的财富可能是加大经济不平等的最重要因素。尽管安德森和泰尔认为科技领域亿万富豪的巨额收益是天才企业家文化酝酿出的果实，但如此规模的不平等实际上源于一个选择，即选择设立的法律制度和税收制度。与技术决定论者的观点相反，不平等不是技术或全球化不可避免的副产品，甚至不是向天才倾斜的不平衡分配造成的。这是互联网崛起的直接结果，政策制定者的行为表明，那些适用于其他经济的规则似乎不适用于互联网。税收、反垄断监管、知识产权法都未能在互联网行业中发挥足够的作用。数字垄断者主张自由放任，追求极致效率，认为对其他行业的约束不适用于互联网行业。但正如巴里·林恩和菲利普·朗曼指出的："无可辩驳的证据表明，这种'极致效率'哲学引发了资源集中，这个过程从上一代人就已经开始，几乎重塑了整个美国经济，现在正在破坏我们的民主。"显然，正如伊丽莎白·沃伦在2016年6月的一次演讲中指出的，市场份额正越来越集中在少数美国公司手中，其范围早已不限于科技领域：

在过去的十年，美国主要航空公司的数量已由九家减少至四家，剩下的四家（美国航空、达美航空、美联航空和西南航空）控制着美国80%以上的航班座位；众多健康保险巨头，包括安森、蓝十字蓝盾、联合健康、安泰和信诺控制着美国医疗保险市场份额的83%以上；三家药店（CVS、沃尔格林和来德爱）控制了美国99%的药店。此外，有四家公司控制着美国近85%的牛肉市场，三家公司生产了美国几乎一半的鸡肉。

在美国，很多行业都存在集中度日益加深的问题，我还是想将重点聚焦在我倾尽一生的行业——媒体和传播上。在这个“无情”地追求效率的时代，谷歌、亚马逊和脸书将所有媒体资源都视为商品，在用户关注最新的音乐短片、新闻文章或清单体文章时，它们从用户的个人资料中获取的千兆字节数据才是真实价值所在。但是，审视那些推动互联网运转的人们，对我们理解作为一个文明体该如何自处至关重要。纵观整个历史，一些艺术家指出了社会的不公，正如哲学家赫伯特·马尔库塞写道的：“艺术家的关键作用在于，不会忘记可能性。”艺术史就是颠覆史，正如伽利略所说，你知道的一切都是错的。19世纪30年代，爱默生和梭罗的超验主义是第一次“大拒绝”——拒绝接受奴隶制和帝国主义政治。30年后诞生了林肯的《解放宣言》。艺术家作为进步先锋的模式在美国的历史（和许多国家的历史）上已重复多次，他们不得不一直面对那些掌控着发行渠道的“衣冠楚楚之辈”，即将到来的互联网垄断时代已把我们所有人都置于一种危险的境地。在艺术行业和新闻行业，财富越来越集中，这不仅置艺术家和记者于险境，而且使所有希望能够从自由的思想和文化交流中获益的人被一小群手握大量资源的人左右。即使是谷歌主席埃里克·施密特也承认："我们相信现代科技平台，像谷歌、脸书、亚马逊和苹果，比大多数人意识到的还要强大，而我们的未来将因这些平台在世界各地的推广应用而发生深刻的变化。"

1968年，马丁·路德·金在遇刺前不到一周，在华盛顿国家大教堂演讲时提到，虽然我们正在经历一场技术革命，但许多人对它将带来的变化视而不见，如果没有某种道德框架，我们将"精确制导，直入歧途"。他还说："有一个重大的悖论就是，很多生活在社会大变革时期的人，并没有形成适应新形势的新态度和新心智。他们在'昏睡'中度过了整个变革时期。"

思考这样一个事实，在面对民权、越战、贫穷这些需要他抗争的社会问题时，马丁·路德·金试图将大家的注意力集中在技术和人们未来可能扮演的角色上。他当然无法预见到互联网令人上瘾的特质，人们甚至愿意和一个匿名的公司分享自己最私密的事情，而后者所依靠的商业模式就是侵入人们的大脑，收获人们的注意力。而任何一个抱着智能手机和孩子一起睡觉的人都可以证明，一个人几乎无须保持清醒，就可以和谷歌或脸书进行交互，继续拱手奉上更多的隐私，以延续这些公司本着造福社会的初衷而给人们带来便利的神话。但正如《连线》杂志创始编辑凯文·凯利所说："一切都将被跟踪、监控、感知和拍照，人们会热衷于此，因为'名利会胜过隐私'，正如脸书上证实的一样。金钱总是流向注意力的方向。"

然而，作为原来的技术决定论者之一，凯利可能是错的。在2015年黑帽网络安全大会上，久负盛名的技术安全大师丹·卡明斯基说：“出于对安全和隐私的担忧，美国人中有一半不再使用网络。我们需要继续努力，解决互联网的安全问题，否则我们就将面临失去这个给社会带来无限美好的引擎的风险。”

像谷歌的CEO拉里·佩奇、脸书的马克·扎克伯格、PayPal的联合创始人彼得·泰尔、Napster和脸书的肖恩·帕克，他们都在世界上最富有的人之列，他们的野心如此之大，使得他们成为小说素材，戴夫·艾格斯的《圆环》和唐·德里罗的《零K》都因包含技术型亿万富翁发明那些使人永生的技术元素而家喻户晓。然而，这些场景正在真实生活中上演。彼得·泰尔、拉里·佩奇和其他人投入上亿美元研究如何抗衰老，以及如何把人的意识融入他们的强大网络中。正如乔治·帕克在《纽约客》中所写的，在泰尔的技术乌托邦里，几千名拥有机器人驾驶的汽车的美国人能活到150岁，而剩下的数百万美国人将被比他们聪明得多的计算机夺去工作，在60岁时郁郁而终。很奇怪，在我们刚刚经历的这场总统选举中，像这样深远的问题却从未被提起。

现代性是建立在个人必须能决定自己命运的理念之上的，尤其是作为选民和消费者。但这并不是技术决定论者所设想的未来。正如谷歌前“设计伦理学家”特里斯坦·哈里斯曾谈到的，如果你控制了“菜单”，你就能控制选择。但现在，人们放弃了选择的自由，让谷歌和脸书这样的互联网公司去控制“菜单”。但谷歌、脸书和亚马逊的神秘黑箱算法是如何控制菜单的永远不会为公司以外的人所知。《卫报》前记者艾伦·鲁斯布里奇在2016年9月的《金融时报》会议上说，在过去一年里，脸书“吃掉”了2700万美元的报纸数字广告，它挣走了所有的钱，它有我们无法理解的算法，这个算法是行为主体与受众客体间的一个过滤器。随着我们生活的数字化程度越来越高，这些“算法之神”将更加严密地控制我们。

这并不是技术决定论观点引发的第一次道德危机。第二次世界大战结束时，在广岛和长崎上空的蘑菇云阴影下，学者雷茵霍尔德·尼布尔担心美国正“赢得战争，失去和平”。持这一观点的人认为，如果技术专家认为他们是胜利的功臣，那么他们就该管理战后的世界。在这一点上，尼布尔是有预见的，2016年，奥巴马在广岛核爆纪念碑献花并在致辞中表示要一分为二来看技术，他提到，如果人类制度没有相应的进步，技术进步会毁灭人类，导致原子裂变的科学革命也需要道德革命。但是，经过任何一个被技术力量摧毁工作机会的美国铁锈地带的城市时，都会看到真正痛苦的迹象——高上瘾率、高自杀率以及缩短的平均寿命，解决这些“精神癌症”的技术到哪儿去了？我不知道答案。有人在推特上遭受可怕的网络暴力，这种“癌症”的技术解决方案又是什么？

相比爱德华·斯诺登揭露出的美国国家安全局间谍活动激起的愤怒，普通公民自愿（尽管是不知不觉的）向谷歌和脸书透露的个人信息数量远远超过历任政府所掌握的。虽然我们意识到谷歌和脸书主要的生意其实是“监控营销”——将我们的个人信息以数十亿美元的价格销售给广告商，但我们不知道为什么就是相信它们在利用这些信息时并不会损害我们的利益。“谷歌的策略是尽可能逼近那条脆弱的细线，但不越过它。”谷歌的主席埃里克·施密特曾经告诉《大西洋周刊》。尽管有争议，但是想象一下，如果谷歌是由安然公司的杰弗里·斯基林管理会怎么样？而斯诺登还透露，谷歌、脸书和亚马逊都愿意将客户数据转交给美国国家安全局。

谷歌、亚马逊和脸书都是经典的“寻租”企业。《纽约时报》专栏作家亚当·戴维森解释了这个概念：

> 在经济学中，租金就是你所赚到的钱，因为你控制着稀缺品和必需品，无论油田还是市场上的垄断地位……经济学专业无论任何派别都同意，欲使美国再次伟大，减少寻租行为、促进全面增长至关重要。

谷歌和脸书各有10亿多名用户，亚马逊有3.5亿名用户。不管是直接支付还是广告补贴，它们都会从总的收入中拿走自己的租金。新垄断的兴起较快，因此经济学家和政界人士都没有完全了解垄断资本主义与经济学课程中所讲的理想化的亚当·斯密笔下的资本主义有何不同。首先，垄断企业是价格制定者，不是价格接受者。正如经济学家保罗·克鲁格曼所写的：“不要告诉我，亚马逊正在给消费者提供他们想要的，或者亚马逊已经实现了自己的目标。重要的是这家公司是否握有太多权力，而且会滥用权力。是的，的确如此。”

但是，这一事实引发的真正后果是，自 20 世纪 70 年代，企业利润一直在上升，工资却在下降。在所有行业都更加集中的商业背景下，美国普通员工的工资下降也反映了新锐音乐家、电影制片人或新闻工作者的困境：如何让自己与谷歌、亚马逊和脸书这样能够存活到最后的公司同频共振，只有这样才能活下去。

但谷歌、亚马逊和脸书尚未到达它们的顶峰，这仅仅是因为它们的创始人杰出吗？即便这是商业新闻希望人们相信的理由。互联网公司的垄断是一种被称为自由主义的理论的产物，起源于米尔顿·弗里德曼和安·兰德的研究，简而言之就是政府通常是错的，市场总是对的。值得注意的是，互联网最早是由美国政府资助建立的，建立在去中心化原则的基础之上，如果我们要制约数字时代企业垄断的力量，就需要回溯最初的原则。

自 2010 年以来，我一直在南加州大学负责安纳堡创新实验室的工作。在那里，我有幸与许多互联网开拓者合作，包括蒂姆·伯纳斯–李、温顿·瑟夫和约翰·西利·布朗。我也是第一家流媒体点播公司 Intertainer 的创始人，该公司在 YouTube 上线十年前就开始在互联网上发布高质量的视频。我坚信技术的力量，我会使用互联网工具，如博客，起初我会用它来记录这本书里的一些想法。但我不确定技术能否解决价值观框架下的主要问题。艺术创作者如何从他们的作品中获取收益？我们的社会如何在数字时代依然能够重视艺术？我们如何创造一种可持续的文化来提升我们的生活、精神和灵魂——正如路易斯·阿姆斯特朗、沃尔特·惠特曼、鲍勃·迪伦和斯坦利·库布里克所做的那样？你会看到，我相信摇滚音乐、伟大的文学作品和突破性的电影拥有改变生活的力量。因此，虽然我可能会勾勒出当代数字文化引发的可怕景象，但我主要是希望向人们展示艺术家乃至普通人如何在我认为的“数字复兴”运动中重新找回互联网开拓者们的初心。正如历史上的文艺复兴一样，这次复兴将从抵制数字垄断开始。一些音乐家已经开始了对 YouTube 的反抗，因为他们首先受到了数字化的负面影响。这种影响正在波及记者、电影制作人，甚至政治家。电视制作人科特·萨特（《混乱之子》制作人）为众多同行发声，他说，谷歌每年都花费数百万美元来发起一场粉碎创意者权利的运动。在后面的内容中，我将阐述这场抵制垄断运动的广度和我自己对于解决这个问题的一些想法。

但首先，我们需要了解我们何以至此。

目　录

第一章

大破坏

不作恶

——谷歌公司口号

1

互联网初心与技术决定论者的道路

1968 年，在美国华盛顿国家大教堂，马丁·路德·金在演讲中提及的技术和社会革命彼时正在发生。技术革命的本质是去中心化管理并让大家和谐相处，这与当时的主流文化相悖。最早的网络，如斯图尔特·布兰德创办的“全球电子链接”（Whole Earth 'Lectronic Link，WELL），发源于 20 世纪 60 年代的反主流文化时期。斯图尔特·布兰德和小说家肯·克西组织了嬉皮士户外音乐节。

在这次盛大的聚会上，成千上万的嬉皮士狂欢嬉闹，伴随着“感恩而死”乐队的音乐起舞。苹果创始人史蒂夫·乔布斯也参加了聚会。约翰·马科夫在他的书《睡鼠说》里写道：“乔布斯解释说，他仍坚信，参加这次嬉皮士音乐节是他一生中做过的最重要的事之一，他觉得对那些没亲自体验过的人，有些事永远无法向他们解释清楚。”布兰德、克西和乔布斯的愿景是实现一种真正的“自下而上”的新型网络，他们希望这种新型网络能够改变当时社会的等级制度，并减少不平等现象，但这个愿景仍旧是乌托邦式的幻想。2016年，《纽约时报》的一篇文章援引了世界银行的一份报告，报告指出：“互联网创新必然扩大不平等，加速中产阶级的空心化。”曾被寄予厚望的互联网为何遭此评价？早期的互联网开拓者、麻省理工学院研究员伊森·佐克曼也说过：“显然，我们的所作所为完全失败，值得注意的是，我们的初心可是勇敢且高尚的。”

一小群激进人士背叛了互联网的初心，他们无法接受平民化和去中心化的思想。到20世纪80年代后期，从PayPal的创始人彼得·泰尔在斯坦福大学就读开始，硅谷的主流哲学更多的是基于安·兰德的个人主义思想倾向，而非肯·克西和斯图尔特·布兰德的社区原则。泰尔也是脸书的早期投资者，他自豪地称自己为硅谷的“PayPal小集团教父”，他的信条很明确，即自由与平民化不可兼得。泰尔还说，如果想创造并获取长久的利益，就需要垄断。按照他的说法，置艺术家于险境的最大的三家公司显然都是垄断者。谷歌在在线搜索和搜索广告领域占有88%的市场份额，其安卓移动操作系统占全球市场份额的80%。亚马逊在电子书销售方面占有70%的市场份额。脸书在移动社交媒体上占有77%的市场份额。第四家公司——苹果，虽然在它主营的硬件业务领域有很多竞争对手，但它仍然占据了极大的市场份额。苹果虽然也在这个故事中扮演着重要的角色，但我将专注于前面三家，这些公司极大地改变了艺术创作者与支持他们工作的人之间的关系。

以一家公司之力主导整个市场，谷歌并非第一个，约翰·D. 洛克菲勒的标准石油公司早就“珠玉在前”。谷歌和脸书利用其市场号召力，从广告商那里获得高于市场价格 20% 的收益；亚马逊形成的买方市场极大地影响了作者的选择，使出版商和书商不得不降低价格。这不是互联网创始人设想的去中心化，讽刺的是，正是由于互联网，信息传播和商业的大规模扩张可以通过一套全球统一的标准（WWW）来完成，从而演化出了互联网时代的“赢家通吃”经济模式。

如果回到互联网还未出现的时代，谷歌、脸书和亚马逊将受到政府的约束，规模可能只有现在的一半，因为它们的大部分增长都是通过并购实现的，这可以通过执行严格的反垄断法来制止。伍德罗·威尔逊在 1912 年竞选总统时说：“若仍存在垄断公司，应对其实施行政监管。我们现在必须确定，我们是否足够强大，是否有足够的勇气，是否足够自主来再次行使政府权力。”里根时代的自由派智库推动的反监管倡议，已经摧毁了共和党和民主党政府在反垄断方面的努力。正如前劳工部长罗伯特·赖希在 2015 年所写：“大科技公司对严厉的反垄断审查几乎免疫，最大的科技公司拥有比以往更大的市场号召力。也许那是因为它们已积累了太多的政治权力。”

投资银行业的翘楚——高盛也对这些垄断企业产生的巨额利润感到困惑。在美国等国家的标准模型中，超高利润业务将激励新的竞争者进入市场，最终使利润正常化（经济学家称之为“均值回归”）。高盛的分析师苏纳·玛诺哈写道：“我们通常对引导均值回归持谨慎态度。但是，如果我们错了并且未来几年都保持较高的利润率（特别是当全球需求增长低于预期时），就会带来更广泛的对资本主义效率的质疑。”华尔街首屈一指的投资银行给出这种“资本主义不再有效”的观点，实在令人惊异。

这正与我们的质疑一致。大众娱乐一直沿用免费模式，广播自 1920 年出现以来，一直靠广告维持运营。像美国全国广播公司或开创商业广播的哥伦比亚广播公司，总是将利润的一大部分再投入到内容创作上。相比之下，谷歌、YouTube 和脸书在内容创作方面的投入微乎其微，它们全部采用“用户生成内容”的模式，尽管其中有许多内容都是由专业人士制作而成但被一些用户盗用的。今天，哥伦比亚广播公司的利润率为 11%，而谷歌的利润率为 22%。谷歌公司 11% 的优势意味着在内容生产方面可以比哥伦比亚广播公司少投入 80 亿美元。

《经济学人》在 2016 年的报道称：“2003 年一家利润非常高（除去福利，其中一项税后资本的回报率为 15% ～ 25%）的美国公司在 2013 年仍能盈利的可能性达 83%；咨询公司麦肯锡表示，回报率超过 25% 的公司也是如此。在过去十年中，这些公司持续盈利的概率约为 50%。显而易见的结论是，美国经济环境对现有企业来说过于惬意。”既得利益者限制了初创公司的数量，而初创公司历来是美国就业增长的源泉。麻省理工学院的经济学家斯科特·斯特恩和豪尔赫·古兹曼的研究表明：“即使创意的数量和创新的潜力不断增加，公司能够以有意义和系统化的方式增长的能力似乎在降低，现在的环境对守成者越来越有利，而对新进入者则越来越不利。”

2013年，风险投资公司安德森–霍洛维兹的合伙人巴拉吉·斯里尼瓦桑声称硅谷的强大甚至超过华尔街。他指出：“我们希望展示一个硅谷运营的社会的样子。这就是‘退出’一词的来源。……这意味着，最终在美国之外，建立一个基于个人选择加入的社会，这个社会是由技术人员来运营的。这实际上是硅谷的发展方向，也是我们未来十年的发展方向。……例如，谷歌创始人拉里·佩奇希望在世界的某一部分进行无须管控的实验。”这不单单是一种放任自流的幻想，还是彼得·泰尔和拉里·佩奇想“占领世界”的出发点。他们还资助了一个名为“海洋农场”的创意，该想法就是在不属于任何政府的地方创建永久性人工岛屿。这些业务也可以不受当前税收或监管政策的约束。佩奇为私营城邦提供了广泛的研究资助。但是奥巴马也提醒过硅谷领袖们，他说：

> 我想，有时我们的技术群体、创业者群体有一种感觉，认为我们需要抛弃现有系统，创造一个平行的社会和文化体系，认为现在的政府管理体系早已破败不堪了。然而事实并非如此，政府是需要承担社会责任的，比如，照顾好退伍军人。那些支出不在你的资产负债表上，但在我们的整体损益表上。照顾好退伍军人是神圣的社会责任。这些工作很难也很琐碎，现在我们正在搭建遗产处理系统，而不是仅停留在口头的批判上。

但这种共享社会责任的意识并不是自由派信念的一部分，从很多方面看，共享社会责任也是强调监管的。

就目前情况而言，几乎没有对技术资本做出限制，在《福布斯》美国前 400 名富豪榜上，比尔·盖茨、拉里·埃里森、拉里·佩奇、杰夫·贝索斯、谢尔盖·布林和马克·扎克伯格等名列前 10 位。硅谷的风险投资家保罗·格雷厄姆（Y Combinator 首席执行官）在 2016 年的一篇博客中，公开对收入差距持支持态度。他写道："我已成为拉大收入差距的专家，过去十年，我一直努力工作来促进收入差距的扩大。我不只是帮助 Y Combinator 投资的 2500 名创始人，还撰写了一系列文章，鼓励人们扩大收入差距，并向他们详细说明如何做到这一点。"

技术亿万富翁们自镀金时代[⊖]以来已经积累了空前的经济实力，他们同时掌控了文化权力。安德鲁·卡内基的传记作者大卫·纳萨夫写道："卡内基永远无法想象扎克伯格拥有的那种力量，这些首席执行官比以往任何时候都强大。今天的社会变革不再是由政府自上而下驱动的。"硅谷的自由风格已经渗透到流行文化中。《纽约时报》的影评家 A. O. 斯科特指出，我们目前对超级英雄电影的迷恋说明了：

> 这种"雄霸天下"的自由派原始理念，赋能了美国统治阶层中那些最能发声的部门。超人们都是良善之人，他们知道什么对我们好，而且从来不需要第三方告诉他们该做什么——无论警察、新闻界还是政府机构。他们需要的是人们的支持和感激，若他们没有得到肯定，那就很让他们恼火了。

⊖ 镀金时代处于美国历史中南北战争和进步时代之间，时间上大概是从 1870 年到 1890 年。这个名字取自马克·吐温第一部长篇小说。——译者注

马克·扎克伯格和拉里·佩奇希望获得大众的认可，因为他们相信是他们创造出了这个前所未有的创新时代，这不仅改善了他们自己的生活，也改善了地球上所有人的生活。但这是真的吗？经济合作与发展组织的统计数据揭示了另一种结果：经济增长急剧放缓，同时发达国家间的差距在增大。与20世纪由创新周期（电力、通信、交通）激发的超过6%的年增长不同，数字革命只带来了不到2%的增长，并导致发达国家之间不平等的状况加剧。正如经济学家保罗·克鲁格曼所指出的，回顾罗伯特·戈登的《美国增长的起落：自二战以后美国人民的生活标准》，戈登认为，对大多数美国人而言，未来到来的标志很可能是生活水平固化，因为技术进步速度放缓的影响将被一系列不利因素（如不平等加剧、教育层级固化、人口老龄化等）放大。如果垄断利润不断追加到日益占主导地位的科技产业，中产阶级的工作岗位会逐渐消失（想想机器人和自动驾驶卡车队吧），我们可以看到，技术决定论者的选择最终将使社会发生极大的变化。

2

数字经济和艺术家的冲突

我们在20世纪50年代米尔顿·弗里德曼创造的自由经济和安·兰德创造的个人主义理论中挣扎。对公司来说，弗里德曼的主张是，企业有且唯一的社会责任是保持利润增长。对个人而言，兰德认为，追求幸福是生活中唯一道德的目的。而在20世纪70年代后期，这些理论被视为疯子呓语。《新共和》杂志的一篇评论兰德的文章称兰德为“公共屋檐蜂窝下的头蜂，在这本令人难以置信的书中嗡嗡作响，发出最响亮、最喧闹的声音”。但自从罗纳德·里根当选美国总统，这些自由主义原则最终在首都华盛顿的思想交锋中胜出。从那时起，国家对自由市场实施监管的观念在共和党和民主党政府中都“失宠”了。2008 年的金融危机使许多人意识到，这种理念对文化和政治的发展来说都是一个死胡同，但我们又缺乏将社会引向新道路的文化。诺贝尔经济学奖获得者约瑟夫·斯蒂格利茨认为我们需要重新考虑兰德和弗里德曼的自由放任经济学：“如果市场基于剥削，自由放任的理由就会消失。实际上，在这种情况下，反对垄断的斗争不仅是争取民主的斗争，也是一场致力于提高效率并推动共同富裕的斗争。”

重要的是，我们认为，这场技术革命并非只有一个必然结果。我想起英国前首相玛格丽特·撒切尔在谈到她的放松管制和减税计划时曾使用的口号“TINA—There Is No Alternative”，即别无选择。但历史是由人类，而非公司或机器造就的。数字时代的胜利者告诉我们：现在一切都不同，他们应该获胜，因为他们够聪明，他们可以无视传统智慧，他们拥抱突破式创新。但是，文化和艺术不是旧式翻盖手机，不能在新品出现后就被扔进垃圾桶。文化的蓬勃靠的是不间断的传承。正如皮特·西格[1]曾经说过的：“每位作曲家都只是链条中的一环。”

---

[1] 皮特·西格生于美国纽约曼哈顿，是著名民歌歌手，也是民歌复兴运动的先驱，有“美国现代民歌之父”之称。皮特·西格一直参与各种社会活动，从民权运动、反越战，到环保活动。他的歌曲被广为传唱，他的身影也总是出现在这些社会活动的舞台上。——译者注

我非常钦佩已故作家加夫列尔·加西亚·马尔克斯，对我来说，马尔克斯完美诠释了艺术家在社会中应扮演的角色。他的生活和作品都让我们坚信，我们能够创造一个更公正的世界。乌托邦现在不受欢迎了。然而，马尔克斯始终坚信，语言中所蕴含的推动变革的力量可以召唤魔法并激发人们的想象力。马尔克斯还告诉我们带有地域色彩的作品的重要性。在追求统一性的商业文化中，你在上海的商场漫步时会误以为自己在洛杉矶；而马尔克斯的作品有着独特的拉丁美洲印记，与吉贝托·吉尔[一]的歌曲或亚历杭德罗·冈萨雷斯·伊尼亚里图[二]的电影一样独特。

我们的文化因长期倡导“熔炉”哲学而对差异视而不见。能够认识到“文化差异是文化交流中的障碍”和“异质文化在不同时空中兼容并将独特个体联系起来”是两回事本身就很了不起。更重要的是，年轻的艺术家还需要具备马尔克斯所珍视的历史感，他说：“我无法想象，如果一个人对过去一万年里的文学作品没有一点儿概念的话，他怎么能萌生写一本小说的想法。”文化失忆只会导致文化灭亡。如果大学里只资助立志成为计算机工程师的学生，我们肯定会失去一些文化层面的比较抽象的东西。

但谷歌、YouTube和脸书在某种程度上将文化视为商品，即文化是吸引点击的诱饵。学者詹姆斯·德隆表示，谷歌的主要使命是将全世界的媒体商品化：

㊀ 一名巴西歌手。——译者注

㊁ 一名墨西哥导演。——译者注

在大多数情况下，商业公司的目标会被一个因素限制，即必须保留足够的资金来支持扩大再生产。然而谷歌不同，它的扩大再生产对象已经在那里，并且在短期内不必担心其流失。在内容方面，有积累了数十年的音乐和电影可以进行数字化加工和分发，同时还可附带广告（收集数据用于分析）。此外，还有大量的作品在等待数字化，包括书籍、地图、视觉艺术作品等。即使这些资源都用完，谷歌和其他互联网公司也可以利用已经挖掘出的用户生成内容和社交网络的概念获利，本质上相当于在用户间销售，还能附加更多的广告（和数据挖掘）。因此，总的来说，即使内容提供商如涸泽之鱼在沙滩上苟延残喘，谷歌仍可以高枕无忧。

这种转变又是如何影响所有艺术家的呢？20世纪60年代末，当时我是The Band乐队的巡回演出经理，偶尔也会支持鲍勃·迪伦，以适应他随性的生活方式。每当有人抱怨自己如何被YouTube或Spotify影响时，总会得到下面的标准回答："哦，音乐行业永远欺负音乐家，有啥新鲜的？"但事实并非如此。音乐行业在20世纪60年代和70年代表现得很好。每个人都有报酬，任何人的时间投入和艺术家的辛勤劳动都能得到不错的回报，唱片公司会帮助艺术家开拓市场。作为个体的艺术家能借助唱片公司的全球发行网络增加唱片销量，唱片公司则通过多发行专辑助力艺术家的职业生涯发展。今天，这项业务发生了极大变化，正如音乐家大卫·拜恩在《纽约时报》专栏文章中所说的那样："这本该是有史以来音乐行业最棒的时代，因为越来越多的音乐被发现、制作、发行和聆听。似乎这个行业里的每个人都该庆祝，但对我们这些创作、表演和录制音乐的人来说则完全不是这样。我自己也许过得还可以，但我关注的是那些未来从事这个行业的艺术家们，他们将如何在音乐行业中讨生活?”

如果我们要为数字经济建立一个道德框架，我们就需要回答这个问题。

第二章

列翁的故事

世间好物不坚牢

——列翁·赫尔姆

1

初识列翁：我的乐队巡回经理生涯

1969 年 5 月初，我完成了自己在普林斯顿大学的期末考试，没参加那个月晚些时候举办的毕业典礼就离开了。我的父亲毕业于普林斯顿大学，他为我的预科教育投了一大笔钱，3 年前死于癌症，享年 58 岁。他是一名律师，为油业服务巨头德莱赛工业公司这样的垄断企业提供法律服务，我从未问过他对自己的人生选择是否满意。我急着赶去洛杉矶，4 个月前我已经为 The Band 乐队工作，在日落广场的山上为他们搭建了一个录音工作室。当时，我对自己的职业生涯并没有长远的规划，但在5月底跟随罗比·罗伯逊和列翁·赫尔姆到小萨米·戴维斯的公寓泳池豪宅（有一张巨大的床且天花板上有一面镜子）后，我觉得自己在正确的时间出现在了正确的地方。

罗比和列翁为我演奏了他们在我完成学业时用3个月录制的音乐。第一首歌是 *The Night They Drove Old Dixie Down*，一曲终了，泪水模糊了我的双眼。詹姆斯·艾吉[㊀]和沃克·埃文斯[㊁]曾合著过《现在，让我们赞美伟大的人》，这本书为我了解南部佃农的生活打开了一扇窗。这首歌就像这本书的音乐版。即使是为宣传该专辑拍摄的 The Band 乐队艾略特·兰迪的黑白肖像，也会让人回想起沃克·埃文斯的作品。这首歌让我了解了列翁的世界，它带给我的感动将陪伴我的余生。那晚以后，我再也没有像之前那样看待美国南部。

1965年夏天，我开始兼任阿尔伯特·格罗斯曼的巡回演出经理，他是当时音乐界最知名的经纪人。他签约的明星和乐队包括鲍勃·迪伦、彼得、保罗和玛丽、保罗·巴特菲尔德、欧蒂塔以及吉姆·奎斯基和朱格乐队。在那个史诗般的7月的周末，鲍勃·迪伦在台上“走火入魔”般燃烧着民间音乐组织的激情时，我在纽波特

㊀ 詹姆斯·艾吉（1909—1955）是一位美国作家、记者、诗人、编剧和影评人。在20世纪40年代，他是美国最具影响力的影评人之一。他因自传体小说《家庭中的一次死亡事件》（1957年出版）获得了1958年普利策小说奖。——译者注

㊁ 沃克·埃文斯（1903—1975）是一位美国摄影师，因他为农场安全管理局（FSA）工作而闻名，他记录了大萧条的影响。埃文斯在FSA工作时期的大部分作品都使用8×10英寸的大幅面相机。他说，作为一名摄影师，他的目标是制作“有文化、有权威、超然”的照片。他的许多作品被博物馆永久收藏，并在大都会艺术博物馆和乔治·伊斯特曼故居等场所进行巡回展出。——译者注

民间艺术节的场地上，扛着朱格乐队的吉他、班卓琴、小提琴和低音提琴。在接下来的 6 年里，我都为格罗斯曼工作，先是参加了周末公路巡演，这为我大学毕业后带来些雪中送炭的收入。之后，在 1969 年，我成为 The Band 乐队的全职巡演经理。那年春天，我们在旧金山的温特兰舞厅首次亮相。

乐队的鼓手列翁·赫尔姆于 1940 年 5 月出生于阿肯色州中部的棉乡，他的父亲在一个名为 Turkey Scratch 的小镇谋生。列翁从小就被音乐包围，他的父亲演奏曼陀林。更重要的是，他成长在音乐史上的黄金时代。正如列翁后来在我们一起制作的《最后的华尔兹》中所解释的那样，这首歌有点像乡村音乐，类似蓝草音乐[一]或乡间音乐，如果它传到某个乡村，和蓝调混合在一起并又唱又跳，那它就被称为摇滚乐。列翁进入青春期时，以猫王、卡尔·帕金斯和杰瑞·李·刘易斯为代表的第一代摇滚音乐家正致力于让美国南方的更多观众接触蓝调。于是，列翁开始与他的姐姐一起表演乡村音乐，还与康威·推特一起打鼓。他观看传奇蓝调口琴手桑尼·博伊·威廉斯在阿肯色州西孟菲斯的演出，每晚演出收费 10 美元。他一定知道，除非自己很幸运，否则从事音乐行业很难致富。列翁的第一次好运是阿肯色州费耶特维尔的一位音乐家罗尼·霍金斯带来的，他把 17 岁的列翁选入他的乐队。

罗比·罗伯逊、加斯·哈德森、理查德·曼努埃尔和里克·丹科最终也加入霍金斯的乐队。但后来，他们与霍金斯决裂，列翁和霍金斯单飞。就在那时，他们遇到了我的老板阿尔伯特·格罗斯曼。

㊀ 蓝草音乐，美国民谣的一种。——译者注

鲍勃在1965年纽波特民间艺术节亮相一周后，格罗斯曼办公室的玛丽·马丁和丹·韦纳出现在新泽西海岸一个名叫托尼·马特的酒店，并告诉老鹰乐队，鲍勃·迪伦希望他们在两场音乐会上支持他：一场在森林山体育场，另一场在好莱坞露天剧场。列翁对此持怀疑态度，他问还有谁会出现在好莱坞露天剧场的演出名单上，丹尼说只有鲍勃。有人轻转收音机旋钮播放 *Like a Rolling Stone*，听众数量多到能填满有17 000座位的剧场，这种想法让人难以置信。谈起民间音乐，老鹰乐队似乎一直生活在另一个平行世界，罗比竭力说服列翁，当其他男孩在路边小屋工作的时候，他们两个去看看并没有什么坏处。罗比和列翁去了纽约，和鲍勃一起排练了一天（和阿尔·库伯一起演奏风琴，并与哈维·布鲁克斯一起演奏贝斯），还在森林山体育场的7500名歌迷面前表演。作为对热情歌迷的妥协，鲍勃·迪伦用他的原声吉他演奏了节目的前半部分，然后带着乐队上台结束了这个夜晚的表演。

我和列翁乐队的第一次相遇是在这一年的晚些时候，也就是他们十月份在卡内基音乐厅的演出上。迪伦沿用了他在森林山演出时的方式，上半场演奏了原声乐器，下半场与列翁和老鹰乐队一起演出摇滚乐。摇滚乐热情奔放，充满激情和愤慨，甚至可能包含一些危险的元素。与在纽波特的表演不同（鲍勃与一支未经排练的临时乐队合作），音乐很紧凑，鲍勃处于最佳状态。他在歌曲间隙开玩笑、跳来跳去，而罗比·罗伯逊则表演了令人惊叹的吉他独奏。里克和列翁弹奏了一段节奏乐，以一种飙车般的强度锚定了整个乐队的节奏，使诸如 *Maggie's Farm*、*Highway 61 Revisited* 和 *Like a Rolling Stone* 等歌曲达到鲍勃在录音棚中从未达到的水平。也许这是卡内基音乐厅的庄严气氛与观众尊重这种民间抒情和摇滚力量所产生的奇妙效应。阿尔伯特·格罗斯曼于格拉默西公园举行的晚会，气氛柔和、令人愉快；安迪·沃霍尔和伊迪·塞奇威克的到场只是向迪伦和他的乐队致敬的一部分。对列翁和老鹰乐队来说，这是对艺术和摇滚乐新世界的一次宣讲。正如罗尼·霍金斯曾经说过的，他们就是在“放彩虹屁”。

世间好物不坚牢，彩云易碎琉璃脆。鲍勃和老鹰乐队刚开始在大竞技场巡回演出，来自民间的抵制就升级了。摇滚乐队经常会听到嘘声和反对声，对列翁来说，还有另一个令人沮丧的原因：他不再是乐队的队长，而且他几乎从来没有唱过伴唱。大约一年后，他离开乐队回到阿肯色州，其他人则继续进行世界巡演（带着伴奏鼓手米奇·琼斯）。最终，在 1966 年春天，鲍勃也厌倦了嘘声，结束了巡回演出，回到他在纽约伍德斯托克的家。然而，他仍然无法摆脱郁闷的情绪。当鲍勃骑着凯旋摩托车沿着伍德斯托克的土路奔向“伊甸园之门[㊀]”时，仿佛被命运捉弄，他出了车祸。他后来向《纽约时报》音乐评论家罗伯特·谢尔顿描述这场改变他一生的摩托车事故时说：“这发生在我起床后第三天的一个早上。”在我看来，这是一种命运的暗示，有人把他从深渊中救了回来。因此，当鲍勃在妻子萨拉的关爱下开始康复时，他又回到了一个由孩子（三年生了三个孩子）、绘画和早期宁静音乐构成的世界。

老鹰乐队的其他成员跟着鲍勃来到伍德斯托克，并要求列翁也回来。后来，他们组成了一个新乐队，阿尔伯特·格罗斯曼答应与他们签一份录音合同。罗比·罗伯逊、里克·丹科和理查德·曼努

㊀ 鲍勃·迪伦的一首同名著名摇滚乐。——译者注

埃尔都开始写歌，借鉴了迪伦之前的作品和与他们一起成长的摇滚音乐。伍德斯托克的每个人都称他们为“The Band”，这个名字沿用至今。正如合同条款所承诺的那样，阿尔伯特与国会唱片公司达成协议，一位名叫约翰·西蒙的年轻制作人负责制作他们的首张专辑。

2

唱片版税、Napster 和列翁的悲剧

The Band 乐队的经历是我在 1967 年所说的运作合理的音乐行业的一个范例，国会唱片公司向该团队预支了大约 5 万美元的费用，用于租用录音室和支付制片人约翰·西蒙微薄的薪水。这群人在录音棚花了差不多一个月的时间，为 *Music from Big Pink* 这张唱片录制了 11 首歌。这张唱片是以伍德斯托克郊外的粉红色房子命名的，乐队将其用作排练工作室（这也是著名专辑 *The Basement Tapes* 的录制地）。

国会唱片公司并不是唯一一家抓住发展机遇的公司。格罗斯曼工作室与华纳唱片公司有着良好的关系，发行了彼得、保罗和玛丽的唱片。由莫·奥斯汀经营的华纳唱片公司是一家对艺术家非常友好的公司，友好的程度远超你的想象，这与电视剧《黑胶时代》中描绘的陈词滥调正好相反。我的朋友罗恩·戈尔茨坦是该公司的市场营销副总裁，他向我解释说：

当我1969年来到华纳唱片公司时，我立刻被该品牌签约伟大艺术家的理念所震撼，不管他们录制的小样里是否有一首大热门歌曲，也不管专辑能否有数百万张的销量。一切都是为了签下杰出的人才，在某些情况下，也是为了签约极具个性的艺术家。莫·奥斯汀和乔·史密斯都没有签下莱·库德、范·代克·帕克斯或兰迪·纽曼，他们原想借此吸引别的艺术家。这个过程是按计划推进的。但是，很快，莫和乔以及华纳的所有人都意识到，除了商业因素之外，这些艺术家对我们公司还有其他价值。这些艺术家在更成熟的艺术家和媒体的眼中成为偶像，并造就了华纳作为伟大音乐之家的美誉。与此同时，华纳/雷普塞签下了在商业上取得成功的知名艺术家，这使得人们对华纳能够营销好这些艺术家本身以及他们的音乐树立了信心。这真是一箭双雕。

那么，为什么这项业务也需要商业运作呢？就像兰迪·纽曼的作品一样，The Band的专辑*Music from Big Pink*并不畅销。它在旧金山、洛杉矶、纽约和波士顿等主要城市的不同电台播放，但并未冲入榜单的前40名。然而，由于录音工作的进展过于缓慢，乐队在专辑发行的第一年就收到了版税支票。当我在1969年春天开始全职工作时，随着口碑传播到其他公司，每季度收到的支票金额不断增加，乔治·哈里森和埃里克·克莱普顿都公开称赞了这张专辑。1969年夏天，乐队发行了他们的第二张专辑，其中包含他们最伟大的音乐作品（*The Night They Drove Old Dixie Down*和*Upon Cripple Creek*）。这给他们带来了巡回演出的机会，他们在旧金山的温特兰舞厅举行了三场音乐会，场场爆满。我们在接下来的两年里经常做巡回演出。我并不打算粉饰 1969 年在演出路上奔波的生活：虽然有趣，但也要付出代价，作为一个被雇来叫醒通宵达旦狂欢的音乐家们起床的成年人，我常常要同列翁和理查德纠缠，他俩是最喜欢聚会的乐队成员。

The Band 乐队成员是我所说的中等收入的音乐家。他们没有像滚石乐队或奶油乐队那样在 20 世纪 60 年代末和 70 年代初赚那么多钱，但是他们过着体面的生活——足以让列翁在伍德斯托克为自己买一栋房子和一个谷仓。讽刺的是，一个音乐家在 1969 年可以理性地得出结论，做鼓手或歌手和做歌曲作者一样有报酬，即使报酬没有那么多。毕竟，对于一张有 11 首曲目的唱片，歌曲作者的版税总额达到每份拷贝 22 美分，而每位歌手的版税大约是每份拷贝 2.5 美元。随着旅途的乐趣开始占满列翁、里克和理查德的生活，只剩下罗比·罗伯逊继续为这个团体写歌。他在 *Music from Big Pink* 这张专辑中写的歌曲数量占其中的一半，在他们录制第三张专辑时，他几乎写了所有的歌。

此外，对于 The Band 这样的乐队，如果他们的音乐质量足够高，在停止创作新音乐很久之后依然能持续获得经济回报。20 世纪 80 年代初出现光盘这种载体时，由于老歌迷购买该乐队的经典唱片，他们的唱片版税猛增。这种版税收益一直持续到 2000 年 Napster 横空出世。

一切都戛然而止。

The Band 乐队的成员从每年大约有 10 万美元的可观版税收入变成几乎一无所有，这种情况真是令人震惊。但是，歌曲作者在数字化的未来情况会好一些，尽管在1969年没有人能想象到这一点。表演权利组织——美国作曲家、作家与出版商协会和美国广播音乐协会继续从每个可以想象出来的地方为歌曲作者争取收入。如果你的歌是通过Muzak系统在酒吧、餐馆或零售店播放的，你会得到报酬；如果歌曲被用于商业目的、电影或电视节目，你会得到报酬；如果歌曲被其他艺术家用于现场表演，你也会得到报酬。随着使用音乐的场合的数量增加，歌曲作者的收入也相应增加。遗憾的是，除了美国音乐家联合会之外，美国没有其他代表音乐家的组织，它们完全忽视了数字文化将给商业模式带来的变化。即使是今天，表演者在电台播放他们的歌曲时也不会得到报酬，除非他们也创作了这些歌曲。

对于The Band乐队的粉丝来说，版税分配的不平衡已经成为争论、愤怒和悲伤的焦点。列翁在1999年被诊断出患有喉癌，他的演唱能力严重受损。他写了一本书，在书中他对罗比没有分享他的作曲收入表示愤怒。但1969年、1970年和1971年，我每天都在伍德斯托克。罗比·罗伯逊每天早上起床，走进他的工作室，写歌直到午饭时间，有时他午饭后也会回来。列翁和理查德还在睡觉。因为站在罗比这一边，我也受到了列翁的蔑视。

列翁的医疗费用很高，所以他别无选择，只能在2000年初开始在他的谷仓举办一系列音乐会，名为“午夜漫步”。起初，他只是打鼓，找了些朋友唱歌。最终他能够唱歌了，但这个过程很痛苦。在这段时间里，尽管列翁只能勉强度日，但The Band乐队的录音仍被新一代音乐人聆听、模仿和学习，其中就包括蒙福之子乐团[㊀]。但是

㊀ 蒙福之子乐团是2007年12月创立于英国的一个民谣摇滚乐团，由Marcus Mumford、Ben Lovett、Winston Marshall和Ted Dwane四人组成。——译者注

因为粉丝们通过盗版网站或其他免费来源收听，所以列翁没有任何来自这些作品的收入，当他在 2012 年去世时，他的朋友们在纽约市外的 Izod 中心举办了一个慈善活动，这样他的妻子就可以保住伍德斯托克的房子。这就是互联网革命带来的人力成本。

著名的音乐博客作者鲍勃·莱夫塞兹认为，我们不得不接受列翁悲剧般的现实：

> 现在是 2015 年，不仅唱片收入下降，整个音乐界也变得乱七八糟。是的，一些超级巨星把他们的事业建立在成功的唱片的基础上，但是现在每个人都要成为一名演员，注定要在舞台上生活。这不会改变，这是新的现实。你可以制作一张专辑，在这个过程中玩得开心，但是不要指望人们会购买它或者聆听它，观众想要的只是体验。你最好打磨一下你的演讲，而不是在硬盘上反复录制一段好的鼓音；你的外表比工作室里做出的音效更重要。你又回到了曾经属于你的地方，做回一个表演者。你要为这条路上的生活做好准备。

莱夫塞兹说，音乐家得到报酬的唯一方式就是他们在 17 世纪得到报酬的方式：租一个房间，锁上门，人们付钱进去。再过几年，全球将会有 60 亿部或者更多支持互联网的智能手机，由数十亿音乐爱好者组成的数字网络时代的到来，怎么可能对音乐家没有丝毫好处呢？

3

数字化音乐、流媒体和长尾神话

尽管《连线》杂志的前任主编、《长尾理论》一书的作者克里斯·安德森等专家向我们保证，数字资源的丰富意味着社会能够更平等地分配数字时代的成果，但事实证明这种想法有些自欺欺人。长尾理论是一个神话，当前音乐行业证明的一个事实是，80% 的收入来自 1% 的内容。即使在迈克尔·杰克逊的 *Thriller* 催生的早期大碟时代的鼎盛期，80% 的收入也仅仅分布在前 20% 的内容中。因此，即使在不同的“赢家通吃”场景下，就收入分配来说，过去反而可以分配给更多的音乐家。经济学家指出，在许多行业（包括对冲基金），赢家通吃显然加剧了全球收入的不平等，但在数字媒体行业，这似乎尤其符合达尔文主义。在一个每分钟都有 400 小时视频上传到 YouTube 的世界里，艺术（或者至少是一门手艺）的商品化已经不可避免。虽然谷歌宣传了很多关于 YouTube 造就百万富翁的故事，但流量统计给出了另一个事实：大多数 YouTube 视频的浏览量不到 150 次。

流媒体音乐业务也出现了同样的情况：2012 年，Spotify 等广告支持服务支付给音乐家的费用为每首歌 0.0048 美元。也就是说，有十万人听你的音乐，你赚到的不超过 500 美元。YouTube 是现在主要的音频流平台，Spotify 和其他服务提供平台与之相比都相形见绌。然而，由于该网站中存在的一些盗版行为，艺术家和唱片公司每年从每一位用户身上还挣不到 1 美元。问题如此严重，以至于 2015

年，单单黑胶唱片销售为音乐创作者带来的收入都超过了 YouTube 及其竞争对手为所拥有的数十亿在线音乐作品付给创作者的报酬。2015 年，在和盗版多年斗争之后，普林斯在一次采访中说，对任何想从互联网中得到报酬的人来说，那样的日子已经结束了。

所以，最终列翁·赫尔姆的问题就是我们的问题。他之所以能够创作出伟大的音乐，是因为他站在罗伯特·约翰逊、贝西·史密斯、汉克·威廉姆、马迪·沃特斯、梅贝尔·卡特、巴迪·霍利和其他许多艺术家的肩膀上。他们当中有人英年早逝，有人自甘堕落，但大多数人都能颐养天年并创作出脍炙人口的歌曲。可持续文化是一代又一代艺术家创造的，他们能够专注于自己的事业。我们尊重前辈艺术家，优秀的电影导演会借用他们欣赏的电影中的拍摄手法或情节向前辈致敬。是的，有一些小型的、充满活力的艺术和文化团体仍然过着文化史学家雅克·巴尔赞描述的文艺复兴时期的生活："艺术家之间狂热的相互欣赏、相互对立和竞争，在工作、比较和争论中爆发的能量使表演超出了正常水平。"有时，传统的民间音乐节的演奏和演唱的质量会让你大吃一惊。但就像黑胶唱片的制作、家庭录像带和嬉皮士文化在其他方面的兴起一样，相对于数字化来说它们是典型的"纯天然产品"——相当于"农场直供餐桌"的新鲜食物体验。伟大的电子音乐家和制作人布赖恩·伊诺一直在西非时髦的模拟音乐工作室工作，他开始质疑数字录音存在的理由，因为自动调音（这种技术工具允许工程师纠正有音高偏差的歌手）让二流歌手有可能成为天后："我们现在可以把一切数字化，我们可以通过数字化音频获得绝对完美的效果，我们可以加工一切或者撤销加工。当然，我们作为听众喜欢的大多数唱片却是那些没有经过人为数字修复和完美化处理的唱片。”科技的完美化工具并不一定适合人类艺术。

在北卡罗来纳州尤尼格罗夫的尤尼格罗夫旧时代小提琴手大会上，小提琴手和班卓琴手将他们的音乐作为一种爱好保存下来。他们中的大多数人都有本职工作，只在周末演奏。但这并不意味着今天的职业艺术家要在真空中发展他们的音乐。显然，像肯德里克·拉马尔这样激进的艺术家，已经花了很多时间去聆听他之前的艺术家的作品，包括自由爵士音乐家孙拉和查理斯·劳埃德，然而他的大多数听众并不知道这些艺术家是谁。拉马尔将伟大的音乐传递给下一代的方式对于文化可持续至关重要。

我记得 1969 年的一个晚上，在伍德斯托克列翁·赫尔姆家，他试图向一个年轻人（就是我）讲授音乐中“缓慢”的概念。在许多方面，摇滚乐似乎与速度有关——小理查德的快速钢琴和弦、查克·贝迪的“Maybelline”都是如此。列翁却迷恋于这样一个想法，即你能以缓慢的速度弹奏一首歌，同时又能保持节奏向前推进。他把唱片 *Ray Charles Live* 放在唱盘上，演奏了 *Drown in My Own Tears*，这首歌的节奏慢得令人难以置信。鼓和贝斯似乎在时间上偏离了方向。每一行音符都表现得好像它拒绝走到尽头。这首歌当然是布鲁斯曲调，但是缓慢的节奏把悲伤夸大到了让你怀疑这首歌是否能唱完的程度。它让我想起了德米特里·肖斯塔科维奇给他最后一个弦乐四重奏（A 大调第十五交响典，完成于 1974 年）的演奏者写的一个注释。每个乐章都标记为慢板，他写道：“演奏第一个乐章时，仿佛苍蝇僵死在半空，观众纯粹因无聊而离开。”这就是 *Drown in My Own Tears* 的现场录音的感觉，而当演唱结束时，观众们欣喜若狂。

列翁那天晚上送给我一份礼物。但是，当我们被当下强烈的紧迫感淹没时，如何保持这种历史和文化的张力呢？我们如何真正利用互联网的初心来分化其控制并不断拓宽我们的知识库？

也许答案就在理解互联网对文化的冲击当中。

第三章

科技与文化对立的根源

他用双手操控闪电

——计算机科学家艾伦·凯

1

“他用双手操控闪电”——恩格尔巴特的在线系统

外面下着大雨，道格·恩格尔巴特在舞台上紧张地踱步。这个高大魁梧的 43 岁男子穿着挺括的白衬衫，打着蓝色领带，梳理整齐的头发上有几缕灰色，看起来他可以为美国国家航空航天局或国防部工作。他确实做到了，在过去的几年，加州门洛帕克的斯坦福研究所（SRI）资助了他对未来看似不切实际的探索。

3个小时后，礼堂会挤满世界上最优秀的计算机科学家，他们聚集在一起参加国际计算机学会和电气与电子工程师学会（Association for Computing Machinery/Institute of Electrical and Electronics Engineers，ACM/IEEE）1968年的年会。Computing Machinery！就学会而言，这表示人们还没有离开工业时代，但他们的成员即将进入信息时代。用道格的传记作者蒂埃里·巴尔迪尼的话说，道格称他建立的在线系统（NLS）是一个包含窗口、超文本、图形、高效导航、命令输入、视频会议、计算机鼠标、文字处理、动态文件链接、修订控制和协作实时编辑器在内的综合体，在接下来的100分钟演示中，他将向世界展示的这个系统在后来被称为“所有演示之母”，但在当时没人有把握能成功。那一周的早些时候，道格就和美国国家航空航天局的某个员工说过他将公开展示这个系统。“也许你不告诉我才是个好主意，免得到时候演砸。”这位员工建议道。道格的首席工程师比尔·英格利什是一名戏剧舞台经理，他知道观众一出现，演示就必须准备好。但这是场什么样的演示？请听道格的描述：

> 我们针对22英尺[㊀]的屏幕安装了一台新的视频投影仪。在舞台的右侧，我坐在一个赫曼米勒控制台前，控制台上有显示器、键盘、鼠标和特殊按键输入设备。我们制造了一些特殊的电子设备，让它们可以从我的鼠标、按键和键盘得到控制输入的权限，并通过电话将它们传输到斯坦福研究所。我们从斯坦福研究所的实验室租了

㊀ 1英尺＝0.304 8米。——编辑注

两台微波发射器，离我们大约 30 英里[㊀]。我们在沿途的一些位置加装了天线，其中，在斯坦福研究所的屋顶上装了两个，在天际线大道的卡车上装了四个，在会议中心的屋顶上装了两个。舞台的控制台上安装了一台摄像机，可以拍到我的脸。另一台摄像机安装在头顶，可以俯视工作站控制器。在房间的后面，比尔·英格利什控制着这两路视频信号和来自斯坦福研究所的两路视频信号，这些信号可以来自摄像机也可以来自计算机视频。

演示开始了，效果好像道格是从未来穿越而来，“用双手操控闪电”给参会的成千上万人带来了戏剧性的效果。你可以想象斯特拉文斯基的 *The Rite of Spring* 的第一场演出，只是没有嘘声和退场。人们仿佛被这种彻底颠覆计算机操作的行为“雷击”到了，计算机不再是一个巨大的计算机器，而是一个可供交流和检索信息的个人工具。

2

DARPA 资助的阿帕网

毫不夸张地说，史蒂夫·乔布斯、比尔·盖茨、拉里·佩奇和马克·扎克伯格的成果都是站在道格·恩格尔巴特的肩膀上取得的。然而，道格对计算的愿景和今天的现实大有不同。在演示的准

㊀ 1 英里 = 1 609.344 米。——编辑注

备阶段，比尔·英格利什向《全球概览》的出版商寻求帮助。斯图尔特·布兰德两年前与肯·克西一起发起了嬉皮士派对。道格认为，布兰德可能会帮助他把这次演示营销成一个多媒体事件。克西和布兰德的嬉皮狂欢巩固了旧金山与弗雷德·特纳在他的《数字乌托邦：从反主流文化到赛博文化》一书中描述的新社区主义的联系。

1968 年，布兰德开始发行《全球概览》，在一期主题为“获取工具”的《全球概览》中说：“一种私密的个人力量的疆域正在形成——这是个人自我学习的力量，发现自己的灵感，塑造自己的环境，与感兴趣的人分享冒险经历。”道格有这样的远见。在线系统将赋能个体用户：用户可以获取全世界的知识，创作鼓舞人心的作品，并与所有人分享。在旧金山演示不到两分钟的时候，道格说：“作为一名脑力劳动者，如果在你的办公室里有一台电脑显示器，这台电脑整天为你工作，对你的每一个动作都能立即做出回应，你能从中获得多少价值？”道格在苹果电脑问世的 15 年前，已经建立了一个类似我们今天使用的互联网设备的原型。

第二年夏天，道格把一个团队从斯坦福研究所带到新墨西哥州陶斯城北部的拉玛基金社区。布兰德认为拉玛可以提供一种氛围，正如约翰·马科夫所写的：“在线系统研究人员和由《全球概览》推动的反主流文化团体之间建立了一个思想的交汇点。”陶斯城外的土地充满了可供选择的社区，比如 Morningstar East、Reality Construction Company、The Hog Farm、New Buffalo 和 The Family。史蒂夫·德基和史蒂夫·贝尔都是巴克明斯特·富勒的门徒、布兰德的密友，他们经营着拉玛社区，这栋建筑物的外观与富勒的测地线圆顶设计非常接近。

富勒认为，社会需要的不是更专业化的人才，而是一种新型的通才，他称之为跨界设计师。对富勒来说，人类生存的问题是设计问题，他认为“艺术–科学家”可以解决这个问题：

> 如果人类想要在宇宙演化中使自己多样复杂的能力持续发挥作用，在接下来的几十年里，艺术–科学家必将担负起主要的设计责任，使拥有更加强大的工具的人类从“战争场景”成功进阶到更为先进的生活场景中，在那里，所有人的需求都将被满足。

当然，具有讽刺意味的是，布兰德明白道格工作使用的大部分资金来自美国国防部高级研究计划局（DARPA）。美国国防部高级研究计划局是为应对苏联1957年发射人造地球卫星1号而成立的，其目标是资助前沿技术研究项目。这是一个极其扁平的组织，由100名科学家和支撑保障部门组成，为主要大学的计算机科学实验室提供经济支持，以开展基础研究，从而使美国在计算机和网络方面获得技术优势。其首批成功的项目之一是互联网的前身——阿帕网，这个网络是世界第一个分组交换网络，于1969年在美国四所大学校园之间连接成功。

这里存在的一个矛盾是：互联网最初是由美国政府规划并资助建成的，它不是我们今天所说的自由市场的产物——源于一些年轻企业家的梦想。这是由一群学者煞费苦心地研究并实现的，希望在首次公开募股时获得数十亿美元并不是他们工作的理由。相反，这些人很有趣——从根本上说，他们相信自己的发明可以让世界变得更美好。每一段代码——超文本标记语言、传输协议/知识产权都免费捐赠给阿帕网项目。美国国防部高级研究计划局资助道格·恩格尔巴特的研究有其自身的原因，这与冷战思维和在后核打击时代努力提高幸存能力的愿望紧密交织在一起。但这与道格、布兰德、温顿·瑟夫、蒂姆·伯纳斯–李和其他许多创造互联网的天才的目标和理想毫无关系。最终，与军方的联系导致道格的在线系统的理想破灭。

到 1969 年，斯坦福研究所大楼外的反战示威每天都在进行。在内部，旧金山演示成功后，国防部高级研究计划局增加了投资，研究团队迅速发展，于是开始形成两个阵营：电脑极客和反主流文化人文主义者。道格很难将这两个阵营团结在一起。1970 年，施乐雇用了国防部高级研究计划局的一名领导鲍勃·泰勒，成立了一个名为帕洛阿尔托研究中心的新实验室。泰勒的第一步是挖走在线系统的总工程师比尔·英格利什。几个月内，他们建立了一个团队，其中包括计算机科学家艾伦·凯，这个团队后来创造出了道格设想的商业版本。

道格的设想中非常重要的一点是：计算机是提高人类能力而不是替代人类本身的工具。相比之下，在我们当前的时代，从硅谷流出的大部分资金都用于制造可以替代人类的机器。1953 年，在麻省理工学院的一次著名谈话中，人工智能研究先驱马文·明斯基宣称：“我们要让机器变得智能。我们要让机器有意识！”对此，道格回应道：“你都是在为机器考虑，你打算为人类做什么？”

3

PARC、乔布斯的 Macintosh 和万维网

道格对世界的愿景即将被一个更商业化的世界观所遮蔽。布兰德开始与帕洛阿尔托研究中心（PARC）团队来往，并为《滚石》杂志写了一篇文章，名为《太空战争：狂热的生活和电脑狂人的象征性死亡》，开头是这样写的：

> 无论是否准备好，计算机正在向人们走来。
>
> 这是个好消息。它并没有朝着批评学派提出的“计算机——威胁还是恐吓”的方向发展，令人惊讶的是，它符合科学先驱们的浪漫幻想，这些先驱包括诺伯特·维纳、沃伦·麦卡洛克、里克莱德、约翰·冯·诺依曼和万尼瓦尔·布什[㊀]。这个趋势的可靠程度与下面一系列奇怪的影响因素有关：设计计算机的怪客们的青春狂热和坚定的散漫思潮，国防部的研究计划，小型计算机制造商带来的让人意想不到的市场投资，以及人们无法抑制的对星球大战的狂热。

㊀ 万尼瓦尔·布什，时任美国国家科学办公室主任。应小罗斯福总统的要求，组织很多部门和专家撰写了“Science, the Endless Frontier”报告，呈给杜鲁门总统。（因小罗斯福总统去世，杜鲁门副总统接任成为总统。）该报告建议美国政府大力支持科学研究，而且政府不需自己设立研究机构，只需提供研究经费，让大学和私人企业依据研究表现来竞争政府的研究经费。此后，美国政府提供的科学研究经费大幅增加，研究成果也很杰出，美国逐渐成为全球科技第一的国家。他在“As We May Think”一文中提出了“memex”这一概念，这可以看成现代万维网的先驱理念。——译者注

这里，布兰德将计算机网络革命直接与他在《全球概览》中倡导的解构文化捆绑在一起。当他宣称这场革命是“最棒的消息”时，他完全清楚帕洛阿尔托研究中心里满是五角大楼资助的电子游戏怪咖。东边施乐总部的图像制作人心脏病发作，他下令不得再对帕洛阿尔托研究中心进行报道。但是艾伦·凯并不在乎，年轻的他那时担任团队组长，虽然是一名在读博士，但已经预见到了作为第一代个人电脑的 Dynabook 的出现。他们自豪地在帕洛阿尔托研究中心悬挂他们怪异的旗帜。艾伦·凯的真正动力是利用道格的基本思想，设计出一个教学工具，并将重点放在改善图形用户界面上。尽管遭到管理层的反对，艾伦·凯还是设法组建了一个小团队来建造奥托（Alto）——第一台真正意义上的个人计算机。它有一个鼠标、一个看起来与 Macintosh（简称 Mac）电脑类似的图形用户界面、一个以太网连接端口，这样它就可以连接到其他的电脑和打印机上。施乐的第一反应是：“它能否支持四个用户？”但这些高管们没有抓住重点：这是一种可供个人交流并激发创造力的设备。第一个图形化演示是芝麻街的饼干怪兽，它一只手拿着饼干，另一只手拿着字母 C，一年级学生都可以通过简单的图形界面和鼠标操纵一台计算机。

即将成为帕洛阿尔托研究中心董事的约翰·西利·布朗告诉我，帕洛阿尔托研究中心有两大核心原则。首先，鲍勃·泰勒把阿帕网的核心指令带到了这里。正如布朗指出的，分布式是阿帕网的基础，这可以确保即使一个城市遭受核打击也不会摧毁整个网络。从奥托到鲍勃·梅特卡夫的以太网架构，帕洛阿尔托研究中心所做的一切都是为了让分散的个人计算机网络高效运行。这是新的架构。第二个核心原则来自艾伦·凯的 Dynabook。正如布朗所说：“ Dynabook 和后来的奥托赋予艺术个体以灵感。”布朗第一次和艾伦·凯一起工作时，他正在奥托上演奏音乐，并和斯坦福大学音乐与声学计算机研究中心的研究人员一起工作。这两项创新——分布式网络和具备创造力的个人计算机——成为互联网革命的核心。除了这些革命性的价值，帕洛阿尔托研究中心的文化——布朗称之为“长发光脚汉”文化——与施乐有些错位。文化冲突不仅仅表现在嬉皮士和西装革履两种着装风格上。布朗解释道：“施乐制造了大型复杂设备，每台设备售价 25 万美元，并有三年保修服务。而任何一种帕洛阿尔托研究中心的产品通过施乐渠道销售的可能性有多大？答案是零。”所以他们决定促成与苹果的合作。

史蒂夫·乔布斯 1979 年 12 月去帕洛阿尔托研究中心看演示的故事，几乎所有版本都说错了。但人们把这些故事当作“施乐公司总是不了解自己到底发明了什么”的缩影。先介绍一下背景：苹果公司在 1977 年 4 月成功推出了苹果二代（Apple II）电脑，一上市就成为爆款，从 1977 年 9 月到 1980 年 9 月，苹果二代的年销售额从 77.5 万美元增长到 1.18 亿美元，平均年增长率为 434%。但乔布斯拒绝坐享其成。他听说过施乐的奥托电脑，并与施乐达成了一项交易，他出售苹果公司高达 5% 的股份以换取帕洛阿尔托研究中心所有技术的许可协议。但一个事实说明了施乐公司的管理层有多么不明智，他们没有向帕洛阿尔托研究中心高管通报即将进行的股票交易。施乐公司只是告诉他们乔布斯要来参观帕洛阿尔托研究中心，他们会给乔布斯演示一下。艾伦·凯和团队同意了这个要求，但他们没有以任何方式向对方披露自己的内部运作信息。乔布斯勃然大怒，打电话给施乐公司。第二天，乔布斯又来了，一个训练有素的团队向他展示了一切。乔布斯回到库比蒂诺，召开了一次董事会会议，他说必须基于帕洛阿尔托架构制造一台新电脑，而且它不应该与现有的苹果二代向后兼容。董事会认为他疯了，但乔布斯发挥了他的魅力——他的“现实扭曲力场”——并如愿以偿。施乐公司获得了苹果公司的股份，1980 年 12 月，苹果公司以每股 22 美元的价格上市。施乐公司的股份立即价值数百万美元。

使用帕洛阿尔托架构的第一款电脑丽莎（Lisa）并没有获得商业上的成功，但是当乔布斯在 1984 年超级碗[㊀]期间播出的一个标志性广告中推出麦金塔（Macintosh）电脑时，期待已久的愿景实现了。施乐公司的悲剧在两年后发生，施乐公司的首席财务官卖掉了所有苹果公司的股票。想象一下，如果他一直持有苹果公司 5% 的股份会怎么样。1985 年，麦金塔电脑首次亮相后，微软迅速推出了 Windows 系统，这是一个完全模仿麦金塔的操作系统。苹果公司的优势很快就消失了，史蒂夫·乔布斯被迫离开了公司。

乔布斯立即着手制造一台名为 NeXT 的新电脑力求东山再起。不久之后，29 岁的英国工程师蒂姆·伯纳斯－李进入欧洲核子研究组织（CERN）工作。此时的互联网纯粹是一个学术研究网络，连接着世界各地的物理学家并允许他们共享研究文件，欧洲核子研究组织是该网络中最大的欧洲节点。随着网络越来越流行，寻找文档变得越来越像寻宝。所以伯纳斯－李开始研究超文本的概念，作为研究人员直接链接到参考文献中其他文档的一种方式。巧合的是，在万维网诞生的那一刻，他和史蒂夫·乔布斯相遇了。

㊀ 超级碗是指美国职业橄榄球大联盟的年度冠军赛。——译者注

1988年年末，伯纳斯－李的老板迈克·森达尔买了一台“NeXT立方”进行评估。几个月后，伯纳斯－李有了一个将超文本和互联网结合起来的想法，并提交给了森达尔。森达尔批准了这个提议，并将这台“NeXT立方”提供给伯纳斯－李作为研究平台。伯纳斯－李的同事罗伯特·卡里奥讲述了这个故事：

> 多亏了NeXTStep软件开发系统所提供的高质量服务，蒂姆在NeXTStep上的原型开发只用了几个月时间就完成了。这个原型提供所见即所得的浏览/创作功能！之前用于网上冲浪的网络浏览器只是被动的窗口，剥夺了用户贡献的可能性。在欧洲核子研究组织的一些会议上，蒂姆和我试图为这个系统起一个吸引人的名字。我认为这个名字不该再从希腊神话中找灵感，于是蒂姆提出了“万维网”。我非常喜欢这个名字，只是用法语很难发音。

万维网改变了一切，史蒂夫·乔布斯的“所见即所得”界面让一切成为可能。超链接和开放访问变得很容易。但是对于今天的蒂姆·伯纳斯－李来说，当他回顾网络的诞生时，还是感到有些遗憾。建立网络是为了去中心化并创建开放访问，然而，他指出：“流行和成功的服务（搜索、社交网络、电子邮件）已经达到近乎垄断的程度。尽管行业领袖经常推动积极的变革，但我们必须对权力集中保持警惕。”蒂姆·伯纳斯－李未曾因他的发明而致富，他把这项发明免费送给了世界，所以他仍然依赖大公司的研究资金。

4

WELL 社区、黑客伦理和企业的冲突

在蒂姆·伯纳斯－李创建万维网的同时，布兰德创建了自己的“全球电子链接”（WELL）。全球电子链接于 1985 年启用，它由一台位于《全球概览》的办公室的计算机和一大群湾区计算机爱好者组成，计算机爱好者们通过调制解调器拨号登录上线，并在各种主题社区上用文本进行实时对话。在 1972 年《滚石》杂志的一篇文章中，布兰德认为他们是“黑客”，他说：“黑客是这门科学的技术高手——这是一个带有戏谑性的称呼，但也是最佳的恭维。他们将人类需求转化为机器可以理解和执行的代码。他们是一个军团，是拥有功能强大的新玩具的狂热分子。”早期的全球电子链接对知识产权有非常明确的规定，如登录界面上所写：“你拥有自己的话语权。这意味着你要对在全球电子链接上发布的言论负责，并且未经你的许可，在全球电子链接社群系统之外的任何媒体中复制这些言论都会受到你作为作者的质疑。”

但在 1989 年，“黑客伦理”的概念成为一个有争议性的话题。《哈珀斯》杂志组织了一次在线论坛讨论，主题是黑客攻击。《哈珀斯》杂志的编辑保尔·窦夫邀请了布兰德和一些重要的成员，包括霍华德·莱茵戈德、凯文·凯利和约翰·佩里·巴洛。巴洛，一个粗野的留着胡子的美国男人，喜欢五颜六色的牛仔衬衫。他是一位失败的怀俄明州牧场主，“感恩而死”乐队的作词家，支持将“网络空间”作为新的美国边境，像怀亚特·厄普在墓碑镇时一样“无法

无天”。巴洛希望自己能保持这种状态，但他认为黑客作为反主流文化的理想化概念即将面临更现实、更危险的情况的冲击。

基于这次论坛的主题，《哈珀斯》杂志的编辑还邀请了两位黑客，他们只被匿名称为“迷幻飞客”（Acid Phreak）和“光纤光学”（Phiber Optik）。关于黑客定义的讨论非常热烈。弗雷德·特纳在《数字乌托邦：从反主流文化到赛博文化》中写道：

> 在像巴洛这样的人的理解中，黑客是致力于通过任何必要的电子手段建立一种新的、更开放的文化的生物。对迷幻飞客而言，黑客是破解、闯入的“艺术大师”，致力于探索并利用封闭式企业系统中的弱点。

巴洛坚持认为计算机网络就像怀俄明州的一个小镇，即使人们都敞开门，迷幻飞客也不该进入任何一扇门内。在年轻人的冲动驱使下，迷幻飞客入侵了巴洛的信用卡报告并将其发布在全球电子链接上。年轻的黑客吸引着巴洛，他想和他们一起玩。也许他把所有杰西·詹姆斯大盗的传奇都和这群年轻黑客联系在一起了，但结局很糟糕。1990 年 1 月 24 日，特勤局进入了迷幻飞客与他母亲一起住的公寓。那天，迷幻飞客、光纤光学和天蝎座因为被指控非法攻击主要的 AT&T 计算机系统而被抓进纽约市的监狱。

这里正是布兰德、巴洛和他们的同伴们改变方向的地方。他们没有基于最初的目标重新调整黑客伦理，而是接受了犯罪，因为他们认为这种行为实际上是一种无受害者的犯罪。AT&T 不得不花费数百万美元来恢复它的系统。巴洛继续组建了电子前沿基金会

（EFF），该基金会从未遇到过无法防守的黑客。对巴洛及他的同伴们，不需再为知识产权辩护，因为信息想要自由。当然这是谎言。正如科幻作家科里·多克托罗所指出的那样："信息所激发的欲望与互联网、创意产业或公平社会的命运完全无关。信息是一种抽象，它并不'想要'任何东西。"即使是最激进的硅谷行动自由主义者，彼得·泰尔也不相信信息想要自由，因为他指出："每个伟大的企业都有对外要保密的信息。"电子前沿基金会是那个时代的象征，象征着黑客意识战胜了常识。他们在歧途上走得如此之远，居然袒护一个非法网站，后者最终被法院勒令关闭。

最后，布兰德放弃了他最初的梦想，投身到了一个新的方向：做一名企业顾问。在全球电子链接的发展过程中，他已经了解了社交网络的力量。一家公司如果可以赞助一个在线社区，并且说服其客户参与社交活动而不是经济活动，那么就能提升客户的忠诚度和自己的利润，随之而来的就是全球商业网络。忘记回到过去吧——对《财富》杂志评选的"全球最大的五百家公司"宣讲《全球概览》是座金矿。企业对网络的征服已经开始了。

第四章

自由派反击

我们处于政治和技术的死亡竞速中

——彼得·泰尔

1

吉尔德、安·兰德与自由论者

乔治·吉尔德正走霉运。1972 年，在一间空调坏掉的潮湿办公室里，吉尔德汗流如注，他在为新奥尔良市落选的市长候选人本·托莱达诺工作，后者相信自己能当选路易斯安那州的下任参议员。彼时 33 岁的吉尔德毕业于埃克塞特大学和哈佛大学，曾是纳尔逊·洛克菲勒和理查德·尼克松的演讲撰稿人，为了多赚一点钱，他受雇于这位候选人并辛苦地工作，尽管其雇主成为参议员的概率极低。

由于托莱达诺每天只向吉尔德支付四个小时的薪水，因此吉尔德在每天下午和晚上都有时间思考自己一团糟的生活。愤怒和自怜交相煎熬着他，于是他错误地将自己的困窘归结于女权运动。他着手写了一本书，企图通过这本书使整个国家正视女权运动的荼毒。

对吉尔德来说，得出这样的结论是简单粗暴且欠缺考虑的。他认为福利主义和女权主义使男人成为卑躬屈膝的那一类人，不再是狩猎者和采集者。正如吉尔德想要的那样，做出这种令人发指的声明后，他如愿以偿地将自己从新奥尔良绝望的"洞穴"中"拯救"了出来，他变得臭名昭著。威廉·F. 巴克利邀请他出席政论节目《火线》。他决定要成为"美国的头号反女权主义者"。

但只是成为反女权主义者，对吉尔德来说还不足以满足他的野心，他开始为《华尔街日报》社论版写文章，论述裘德·万尼斯基和阿瑟·拉弗[㊀]提出的供给侧经济学理论，作为对凯恩斯主义需求侧经济的保守回应，这一理论已经被人们普遍接受。万尼斯基和拉弗认为，高税率和政府监管是增长的最大障碍，阻碍资本积聚和投资。他们认为，如果降低税收并减少法规的监管，富人会投入更多资金，从而以更低的价格生产出更多的商品并刺激需求。所有这些都被包装进吉尔德写的一本名为《财富与贫困》的书中，这本书于 1981 年出版，彼时里根政府正好上台。

当时，美国经济已经连续七年陷入"滞胀"（一种高通胀和增长停滞的双重危害性后果）。问题出在"大政府"的观点，这成为里根竞选活动的基础。吉尔德的书吸引了里根的注意，他认为真正使美

㊀ 阿瑟·拉弗是美国经济学家、南加州大学教授、供给学派代表人物，他的一些主张尤其是减税被里根政府所采纳。——译者注

国患病的是“福利女王”。在 1994 年的一次访谈中，吉尔德说：“所谓的‘穷人’是被美国繁荣的溢出所毁掉的一群人，他们需要的是来自教会的基督教教义……严格来说，我们没有贫困问题，我们有的是令人绝望的家庭破裂和道德败坏问题。”吉尔德开始拥抱拉弗等人倡导的一套新的社会规范，究其根本，其实是来自安·兰德思想中“制造者和接受者”的概念。他们自称自由论者，并开始想象一个不用政府监管且无须缴纳税费的经济环境，这种新经济由光纤和个人计算等新技术所驱动。

2

“谁来阻止我？”

16 岁的国际象棋神童彼得·泰尔早就烦透了加利福尼亚州福斯特市的高中生活，一下就被这种自由主义的思想所俘虏，《纽约客》的乔治·帕克向我们介绍了一些情况：

> 他成为一名数学神童及拥有全国排名的国际象棋手，他的国际象棋上有一张贴纸，上面写着“天生赢家”。极少数情况下，他在大学里输棋后会从棋盘横扫掉棋子，他会说：“给我一个厉害的输家，我才给你看我是怎么输的。”他最喜欢的书是《指环王》，读了一遍又一遍，这之后是索尔仁尼琴和兰德的作品。

像吉尔德一样，泰尔也不认同女权主义。当他在斯坦福大学读本科时，对这个问题的看法和吉尔德非常接近。几年以后，吉尔德投桃报李，如《福布斯》杂志专栏作家拉尔夫·本克所说："当乔治·吉尔德——这位可能是世界上最聪明的人，最近与我在华盛顿特区一起吃晚餐时对我说，彼得·泰尔才是世界上最聪明的人的时候……那就值得注意了。"彼得·泰尔后来在一场关于他为什么创办《斯坦福评论》的演讲中指出：为了在校园里打击女权主义和政治正确，他后来在卡托研究所网站上发表了一个充满愤慨的声明，声明提到，自 1920 年以来，福利受益人数量大幅增加且女性权利不断扩大——这两类选举主张对自由主义者来说异常接受——使资本主义民主陷入自相矛盾的境况。

越来越多的人成为泰尔的自由主义的拥趸，比如大卫·萨克斯。《斯坦福评论》鼓励读者试探言论自由的边界，泰尔的一位名叫基思·拉波斯的法律系学生朋友决定测试这个想法的极限，他站在一位导师的宿舍外面，一遍又一遍地喊道："法戈！法戈！希望你死于恶性疾病。"大学做出决定，拉波斯最终从法学院退学。泰尔和他的合著者萨克斯在他们的书《多元化神话》（*The Diversity Myth*）中为拉波斯辩护说："他的示威直接挑战了最基本的禁忌，即在少数群体与某些恶性疾病之间建立关联，意味着某个少数群体所选择的生活方式之一会使其更容易感染这些疾病，并非所有的生活方式都令人推崇。"这本书于 1995 年出版，是对某些亚文化和种族与性别多样性的长篇讨伐，用泰尔的话来讲，讨伐的就是斯坦福大学所宣称的"多元文化"。他指出："多元文化的存在是为了摧毁西方文化，而这种破坏很凶猛且不分青红皂白。"这种深刻的矛盾——泰尔本身作为少数群体的一员却对多元化大加抵制，是我们理解泰尔和他即将领导的革命的核心。

泰尔的哲学偶像是安·兰德。安·兰德的第一部重要小说《源泉》讲述了一个建筑师霍华德·洛克的故事，他被描绘成一位优秀的人，与令人窒息的暴民展开斗争。1937 年初，兰德正在与像门肯和艾伯特·诺克这样的一些第一批使用“自由意志论者”这个词的反罗斯福党派人士明确自己的价值观，《源泉》与兰德后来的小说《阿特拉斯耸耸肩》成了自由主义运动的原始文本。最大的有组织的反罗斯福组织称自己为美国自由联盟，兰德的传记作者詹妮弗·伯恩斯将其形容为“希望从大众手中夺取政府控制权的富商的秘密集团”。和她的英雄洛克一样，兰德认为个人应该“是为了自己的利益而存在的，既不为别人牺牲自己，也不为自己牺牲别人。”最终，兰德几乎将尼采的意志力原则传给了像泰尔这样的追随者，并以《源泉》中的句子完美表达了出来：

> “你是要告诉我，当你成为一名建筑师时你打算这样来建造房子吗？”
> “是”
> “我亲爱的伙计，谁让你这样做的？”
> “那不是重点，重点是，谁来阻止我？”

“谁来阻止我”变成了互联网颠覆者们的核心信条，从彼得·泰尔的 PayPal 到特拉维斯·卡兰尼克的优步无不验证着这个信条。

3

政治与技术的竞速

安·兰德的理念不仅激励了像泰尔这样的人，还在美国的最高机构找到了落脚点。众议院议长保罗·瑞安告诉《旗帜周刊》："我把《阿特拉斯耸耸肩》作为圣诞礼物送出，让所有实习生都来读。"在很多视频中，瑞安也对兰德充满了溢美之词。但正如保罗·克鲁格曼所认为的，共和党精英们太过于沉迷安·兰德关于英雄式的工作岗位创造者和不劳而获者对立的故事，而不愿意承认涓滴理论可能无法提供好的工作岗位，或者有时候正是政府援助在关键时刻保障了基本的生存权利。

利他主义和合作理念并不是彼得·泰尔所信仰的，他像安·兰德笔下的英雄一样自信地认为"实现你的幸福是生活中唯一的道德目的"。他不仅仅是一个成功的商人，值得注意的是，在斯坦福大学，他获得的是哲学学位，而不是商业类学位。从一开始，PayPal 就被视为自由主义哲学的实践项目，是一次通过在线支付颠覆信用卡——银行系统的努力。PayPal 也从一开始就致力于避免政府介入支付流：泰尔不相信监管、纳税或版权保护。PayPal 催生了由" PayPal 小集团"的年轻人经营的一批创业公司，他们创立了 YouTube、LinkedIn、Yelp、Palantir 和其他许多公司。

还有很重要的一点要注意，自由主义已成为硅谷和共和党的主流经济哲学，这要归功于科赫兄弟。支持自由派的人认为，自由市场的至高地位来自天然秩序，但实际上这不过是历史学家尤瓦尔·诺亚·赫拉利在他的著作《人类简史：从动物到上帝》中所指出的“想象的秩序”，这是我们用以促成合作的神话。为了保护一个想象的秩序，赫拉利写道，“持续和艰苦的努力是必不可少的。”亚当·斯密“看不见的手”不再是自然法则或物理法则，而是摩西的十诫。

当然，泰尔关于资本主义和民主不兼容的评论指出了查尔斯·科赫调侃的自由主义的更深层的部分，有时被称为“无政府资本主义”或“古典自由主义”。这方面的两位主要的哲学家是穆雷·罗斯巴德和汉斯–赫尔曼·霍普。霍普写了一本名为《民主：失败的上帝》（*Democracy: The God That Failed*）的书，提出美国需要回到更加集权的政府形式的论点。下面是霍普的论文：

> 在美国，不到一个世纪的全面民主导致道德退化、家庭和社会解体以及文化衰败持续加剧，表现为不断上升的离婚率、非法性关系、堕胎率和犯罪率。由于不断扩大的非歧视名单——平权行动——法律和非歧视性、多元化、平等主义移民政策等，美国社会的每一个角落都受到政府管理和强行融合的影响。因此，社会冲突、种族伦理和道德文化之间的紧张关系和敌意大幅增加。

一个处于这种危机中的国家，需要一个能够抵制“平等主义移民”和“强行融合”力量的集权政府，这种政府像是对20世纪50年代吉姆·克劳的倒退，但也和当代唐纳德·特朗普的雄辩相差不远。这实质上是彼得·泰尔思想背后的精英主义理论。虽然他的本科专业是哲学，但泰尔更关心技术和政治。他认为政治阻碍了进步，并且他需要找到一种不受干扰地赚钱的方式。他在卡托研究所网站的宣言中写道：

> 在我们这个时代，自由论者的伟大任务是挣脱各种形式的政治——从极权主义和极端主义的灾难到引导所谓的“社会民主”的未经思考的示范……我们正处于政治和技术之间的竞赛……我们这个世界的命运可能取决于某一个人的努力，他将建立或传播使资本主义世界平稳运转的自由机制。

显然，他认为自己是领导这场变革的人。他将道格·恩格尔巴特、斯图尔特·布兰德和蒂姆·伯纳斯–李奠定的基础引向全新的方向。

4

彼得·泰尔的互联网财富准则

第一个由泰尔、拉夫琴和卢克·诺塞克设计的反映这种思想的产品是 PayPal。泰尔在他的书《从 0 到 1》中不无得意地指出：“在 PayPal 的六个创始人中，有四个在高中时制造过炸弹。”1998 年 12 月创立的 PayPal 原名 Confinity，一开始是 Palm Pilot 手持设备的支付系统。泰尔在早期的一些评论中就曾陈述过 PayPal 的壮志雄心，他写道：“政府通过旧手段拿走人们的财富将几乎不可能……当它试图这样做时，人们会将手中的钱兑换为美元、英镑或日元，实际上是将贬值的本地货币换成更安全的货币。”

因此从基本的兰德主义者“不能给政府以货币信任”的概念出发，他继续设置了以下基本原则，这将成为大多数新创造出来的互联网财富的基础。

（1）开发在竞争中具备显著优势的专有技术。泰尔说：“当企业家谈论如何获取1000亿美元市场的1%时，那绝对是红色警报。”他想投资垄断性业务，而不是竞争性业务。

（2）建立具备网络效应的企业。泰尔的前两大投资PayPal和脸书都受益于有数百万想要互相连接的用户。当PayPal仅仅是Palm Pilot的支付系统时，它无疑是失败的。直到它成为eBay的标准支付系统，才搭上了网络效应的顺风车。

（3）规模经济至关重要。谷歌在搜索广告方面无懈可击，这依赖于它巨大的规模经济。这就可以推出一个结论，每个技术领域的赢家寥寥无几。规模效应和网络效应的结合，使优胜者很难被颠覆，特别是在像科技这样的业务领域中。

（4）品牌变得生死攸关。品牌成为对消费者的价值承诺。苹果因为品牌承诺而获得超高的边际利润。品牌承诺也可以帮助企业抵御外来竞争。谷歌的“不作恶”品牌承诺给自己罩上了一种社会创业精神的光环，保护自身免于因垄断而受到指责。

如约翰·西里·布朗所言，道格和帕洛阿尔托研究中心预见了分布式网络的终结发生在“我们从产品发展到平台，网络效应则以中心辐射模式发挥出来”这个时刻。从这一点来看，拥有数十亿用户的平台规模经济成为成功的最终指标。泰尔从 PayPal 学到了这一点，在 eBay 以 10 亿美元收购该公司后，初始创业团队开始在硅谷开枝散叶，甚至那些并非泰尔投资的公司也接受了他的观点。当时监管尚不完备的互联网经济就是它们实现财富积累的基石。

5

制定规则的亚马逊

但也许这种模式最大的受益者是杰夫·贝索斯——亚马逊的创始人兼首席执行官。贝索斯的家庭给了他自由主义精神教育。他的继父米格尔·贝索斯从古巴移民来到美国，并在德克萨斯的休斯顿担任埃克森美孚公司的工程师。他的继父在 2012 年全力支持了自由党人士加里·约翰逊的总统竞选。杰夫·贝索斯在接受成就学院采访时，概述了他的核心自由主义理念：

> 我认为人们应该仔细重读《独立宣言》的第一部分。因为我觉得有时作为社会成员，我们会陷入群体性困惑，以为我们有幸福的权利，但如果你读《独立宣言》，会发现它谈到的是“生命、自由和追求幸福”，即没有人有幸福的权利。你有的是追求它的权利，我认为其核心是自由。

贝索斯曾在对冲基金D.E.Shaw工作过，负责研究互联网的发展。1992年5月，美国最高法院在Quill Corp.诉North Dakota案中裁定“在一个州内，如果公司没有设立实体机构，可以免除公司向州缴纳的销售和使用税”。对贝索斯而言，这个判决犹如一盏指路明灯，他开始构想一个在线零售生意。他的原则与彼得·泰尔的四条准则非常相似。他将建立一个专有的在线平台（甚至到了为“一键式”购买申请专利的地步），采用用户推荐来构建每个客户的个人画像，从而获得网络效应。

他通过批量购买来和出版商谈判，以获得最低价格，从而获得规模效应，这是单个书店无法做到的。他还使用批发商英格拉姆来“存储”那些他没有从出版商处购买的图书，从而大大扩展了他可以在亚马逊上提供的图书数量。最后，他围绕“亚马逊”这个名称建立一个品牌，他以这条世界上流域最大的河流（一般称作亚马孙河）为公司命名，体现了规模感，并且公司名以“A”开始，将使该公司总是位于公司列表的首位，方便被用户注意到。1994年，贝索斯结束了他在对冲基金的工作，并将亚马逊设在华盛顿州西雅图市，因为该州人口稀少，因此他的大多数客户（州外）都不用支付销售税。

亚马逊的发展速度如此之快，到1997年，许多当地的书店都因受到其冲击而倒闭。几个州的立法者开始游说对亚马逊征收销售税。经济学家迪恩·贝克估计，亚马逊的免税地位为贝索斯的业务提供了200亿美元的纳税人补贴。贝克指出：“在像纽约这样的州，州和地方的销售税平均超过8%，亚马逊可以制定比实体竞争价格低1%的价格，并且仍然可以获得7%的额外利润。在一个利润通常只占收入的 2% ～ 3% 的行业中，这是一笔巨大的收益。”贝索斯想要留住这笔补贴，此时共和党众议员克里斯托弗·考克斯和民主党参议员罗恩·怀登撰写了《互联网免税法案》（The Internet Tax Freedom Act）。该法案于 1998 年由时任总统比尔·克林顿通过并签署。

虽然该法案不禁止各州对电子商务征收销售税，但它确实阻止了政府对互联网业务征税。在那之后的 17 年里，受电子商务的影响，有 2300 家独立书店（包括 Borders 连锁店）关门。自 2003 年以来，已有 3100 家唱片店关门。文化评论家莱昂·维塞尔泰尔愤怒地指出：“美国城市的街道萦绕着关闭的书店和唱片店的怨念，它们已经被文化产业史上最大的‘破坏者’摧毁。”具有讽刺意味的是，亚马逊注意到大城市的一些独立书店仍然蓬勃发展，因此决定进军书店业务。

但亚马逊并不是唯一一家通过互联网避税经营而获得收益的公司。正如《彭博商业周刊》所报道的那样：“谷歌和脸书的策略依赖于‘转让定价’，公司的子公司之间的纸质交易允许将收入分配给避税天堂，同时将费用归于高税收国家。根据俄勒冈州波特兰市里德学院的经济学教授金伯利·A. 克劳斯的说法，这种收入转移使美国政府的年收入约为 600 亿美元。”当地政府和联邦政府由于税收收入不足都推迟了所需的基础设施改善工作，我们最富有的科技公司的避税计划理应承担部分责任。

据《出版商周刊》指出，Codex 集团于 2014 年 3 月研究发现，亚马逊在新书购买市场中的份额为 41%，占所有在线新书购买（印刷和数字）的 65%。该公司不仅成为电子书的最大发行渠道（在 3 月份占有 67% 的市场份额），而且在纸质书在线销售市场中占据一席之地（3 月份其市场占比约为 64%）。虽然早已在市场中占据主导地位，但亚马逊的政治影响力此时才有所增强，因为它设法说服司法部成功起诉苹果公司的小型电子书店，以防止信任违约，从而提高亚马逊的垄断力量。经济学家保罗·克鲁格曼解释说："在经济学术语中，至少到目前为止，亚马逊并没有表现得像一个垄断者、一个有权提高价格的主导卖家。相反，它表现得就是一个垄断者、一个有能力使价格下跌的主导买家。"亚马逊的这种主导力量在全球扩张"，正如法尔哈德·曼约奥在《纽约时报》所指出的那样，"亚马逊变得越大，它所制定的规则——而不是任何特定国家的法规——就越来越被视为是最重要的商业管理规则"。

因此，亚马逊不仅能迷惑当地监管，而且能够利用宽松的监管来拓宽其大型无空调仓库的安全生产边界。商业史学家西蒙·黑德在他的书《没心没肺：为何机器越聪明，人就越愚蠢》（*Mindless: Why Smaiter Machines Are Making Dumber Humans*）中写到，亚马逊是 21 世纪初利用最先进的信息技术重建了前新政时期那种严苛、驱动型资本主义的典型代表。2011 年，《纽约时报》注意到宾夕法尼亚州的艾伦镇的报纸报道了 5 月时该镇亚马逊仓库的状况：

> 在 5 月的一次热浪来袭期间，有许多救护车接到来自仓库的医疗救援电话，该零售商向 Cetronia 救护车公司支付了费用，在夏季最热的那几天，该公司将护理人员和救护车驻扎在仓库外。救护车负责人告诉采访者，大约有 15 人被送往医院，20 ～ 30 人接受就地治疗。

对于自由主义者来说，在巨型仓库中安装空调的想法违背了自由的观念。人们并不拥有在体面的工作场所工作的权利，只是有权追求它，如果难以接受，可以辞职或找另一份工作。但是，如果决定继续在亚马逊仓库工作，那么就不得不接受某种令弗雷德里克·泰勒都惊叹不已的“21 世纪监控”（泰勒是在 19 世纪末 20 世纪初因“时间和动作”方面的研究闻名于世的管理顾问和效率专家）。每个员工都配有一台个人 GPS 导航器，这台导航器告诉他们在仓库的行进路线，以便到达他们将要打包的下一个项目，并准确地告诉他们需要多少秒能到达那里。如果他们没有在指定的时间内完成工作，将会收到通知并记过一次。多次无法按时完成目标将可能面临被解雇。

同一批工作人员都知道亚马逊正以另一种方式“定位他们”。他们在出门时要经历机场安检式的身体扫描；在轮班结束时，要用数字钟打卡，他们面前有一块大屏幕，上面会显示他们一些前同事的剪影，那些人都已经因盗窃而被解雇。每张图像都有一个“开除”标记，印在员工的剪影上，旁边是他们偷走物品的清单、具体时间和价值。

尽管一直对政府有自由主义式的不信任，贝索斯从未停止利用政府增加优势。有人说他买下《华盛顿邮报》，因此在这个国家的首都有强大的影响力。当然，基于纯粹的投资回报的投资是没有意义的。贝索斯知道这一点，因为他已经利用了许多报纸出版商。2009 年 6 月，《达拉斯晨报》的出版人詹姆斯·莫罗尼在国会就他与亚马逊在亚马逊 Kindle 上发布内容的谈判作证，亚马逊拿走 70% 的订阅收入，给他留下 30% 的订阅收入。作为 100% 内容的生产成本承担者，他指出，这很难被称为一个公平的商业交易。

6

追求永生和例外的科技精英

彼得·泰尔对 Palantir 的投资体现了另一种有关公司福利的自由主义式的伪善。泰尔总是抱怨裙带资本主义，但该公司最初的投资就是来自美国中央情报局（CIA）的风险投资部门，该公司现在市值超过 100 亿美元。Palantir 是在“9·11 事件”发生两年后成立的，并成立了一家数据挖掘公司，向 CIA 出售其服务。Palantir 的数据挖掘软件能够绘制出恐怖组织的网络图，在饱受战争蹂躏的巴格达确定安全驾驶路线，它还可以追踪偷车贼和沙门氏菌疫情暴发。最具讽刺意味的一次，是美国律师将其技术应用到反对对冲基金赛克资本（SAC Capital）的项目中，后者也是 Palantir 的早期投资者。不知何故，从 CIA 拿钱并帮助美国国家安全局和联邦调查局追踪平民似乎与自由主义者泰尔并不矛盾。“我觉得我们正向美国的某个地方漂流，我们的公民自由要少得多，而且没有真正得到有效的保护。”当被问到为什么要开办 Palantir 时，泰尔先生回答如上。在《卫报》上撰文的记者本塔诺夫认为，泰尔随后拥抱特朗普的经济计划，是一个颇值得冷嘲的大规模运行 Palantir 模型的策略：

> 按照这种逻辑，我们需要的是一个在中世纪水平上资助科学研究的国家——没有相应的高税率和随之而来的社会支出。公司将挖掘这项研究以获取有利可图的发明，公众会买单而不要求任何回报。

当泰尔进入特朗普的内部圈子，我们可以预料 Palantir 的财力将大幅增长。

起源于 20 世纪 60 年代的反主流文化理想主义与国防资金联姻，到 2002 年，互联网已经演变成一个庞大的商业和政府监督平台。蒂姆·伯纳斯 – 李和斯图尔特·布兰德建立一个新的民主沟通平台的雄心壮志被一种新的自由主义理念“Übermensch”所替代——一群人相信他们既有丰功伟绩又有道德勇气，使他们可以在正常的法律和税收限制之外运作自己的商业帝国。这些人坚信他们的“人类精英”品质，他们正在投资数百万像泰尔的 Halcyon Molecular 这样的企业来“创造一个没有癌症和衰老的世界”，他们相信技术将消除人类恐惧死亡的焦虑。

未来学家杰伦·拉尼尔曾描述谷歌首席科学家雷·库兹韦尔的奇点概念，即当人工智能机器能够自主地构建比自身更智能且更强大的机器的时刻。拉尼尔指出：“这些都是硅谷巨额现金流所引发的想法。对于许多有影响力的技术主义者而言，这些都是指导原则，而不仅仅是娱乐……所有关于意识、灵魂等概念的思想都在信仰中存在，这指向了某种非凡的东西，也就是说我们所看到的是一种新的信仰，这种信仰通过工程文化表达出来。”比尔·盖茨评论说：“虽然这话听起来有些以自我为中心，但我们当中仍然有人资助治疗疟疾和结核病的研究，以便自己可以活得更久。”

但这并不能阻止泰尔和佩奇追求永生。正如夏洛蒂·莱顿在 2015 年 12 月所指出的那样，“2045 计划”——德米特里·伊斯科夫的生命延伸组织试图将人格转移到非生物物质上，最终将不朽——预测很快就会诞生第一个这样的系统。我无法想象泰尔和佩奇居然真的产生了通过上述逻辑实现永生的想法。显然，这种方法非常昂贵，而且只适用于非常富有的人。纵观整个历史，不那么富裕的人至少可以安慰自己说死亡是平等的——即便约翰·D. 洛克菲勒也无法收买死神。因此可以想象一下，这些追求永生的行为所导致的愤怒。对于非常富有的人来说，当他们 130 岁时，会对寻常的死亡原因充满恐惧——车祸、飞机失事、恐怖炸弹——在花了数百万祈求永生之后，他们可能会害怕浪费自己在追求永生上的投资，从而选择待在大厦里一动不动。

我想说，不需要大开脑洞就可以猜到，彼得·泰尔和拉里·佩奇都坚信技术会带来快乐。在《互联网与我们：在大数据时代知道更多却懂得更少》（*The Internet of Us: Knowing More and Understanding Less in the Age of Big Data*）这本书中，迈克尔·派屈克·林奇从一个思想实验开始：想象一下智能手机极小化并直接内嵌在人脑中的社会。拉里·佩奇已经在做这件事。然后林奇带领我们展望未来几代人的生活，那时我们已经停止了观察和理性地学习，并完全依赖于我们大脑中的谷歌 Now 芯片，然后想象一些灾难会使全球通信网络瘫痪。林奇说，好像整个世界都失明了。我们不仅失去了曾经学习过的知识，我们也失去了学习能力。

鲍勃·迪伦曾写到，想生活在法外之地，你必须诚实无欺。那些在 2000 年互联网泡沫破灭中幸存下来的自由主义企业家面临的挑战是生活在二元对立之中。他们创造了一个由科技精英主导的世界，其中包含一系列我们现在谴责的生活规则。彼得·泰尔曾宣称那是“为了失败者的竞争”，而下一个十年将证明失败者究竟是谁。

第五章

数字化破坏

这类背叛的事，在 Napster 司空见惯

——肖恩 · 帕克

1

肖恩 · 帕克与 Napster 的兴衰

一天下午，肖恩 · 帕克在上他的世界文明课，他坐在后排，感觉无聊透顶。他前一天晚上几乎没有合眼，入侵了作为美国经济核心的一家由《财富》杂志评选出来的"世界 500 强"公司的电脑，现在困得要命。校长的一位秘书走进教室，带给他一张便条，说他的父亲正在外面等他去接受牙科正畸医生的诊疗。肖恩 · 帕克没有戴牙套。他的心脏开始狂跳。他心怀一种真切的恐惧感站起来离开

教室。他的父亲当天凌晨5点来到楼下，当他发现儿子用他的电脑入侵公司网络时，大发雷霆。肖恩·帕克在2010年《名利场》的一篇文章里说："他从我手中抓起键盘，把它从电脑上扯下来，然后把它拿到楼上。我哭着说：'爸爸！你不知道你在做什么！我得先退出！'但他没给我机会。"几小时之内，美国联邦调查局追踪到了肖恩·帕克的IP地址，并在他的互联网服务提供商的帮助下突袭了肖恩·帕克的家。肖恩·帕克的父亲在他7岁时教过他计算机编程，他把儿子从学校拖回家，他在家被捕。他的父亲曾作为一名海洋学家为政府工作，也许是因为他在肖恩·帕克的黑客攻击中扮演的角色而带来的内疚感，他设法和儿子保持距离。因为肖恩·帕克是未成年人，他被罚以200小时的社区服务而不是监禁。

肖恩·帕克和其他一些违法者在当地一家图书馆履行社区服务。在那里，他通过图书馆的计算机与另一名名叫肖恩·范宁的黑客在线联系，他们一起开发了一款软件，终结了我们所知道的音乐行业模式。他们开发的软件叫作Napster，其逻辑很简单，每张音乐CD都是一个可以在计算机网络上翻录和共享的数字文件，只是需要先找到一种可索引所有MP3文件并允许用户免费共享的方法。帕克和范宁都不是音乐家，他们没有想到他们的发明将在未来几十年给艺术家的生活造成巨大伤害。他们只知道，在互联网上提供免费音乐成功地为他们的网站带来了流量。当然，帕克知道他们违反了法律，他也在电子邮件中承认侵犯了版权，这些都被唱片公司用于关闭Napster的诉讼中。截至2001年7月关闭时，Napster拥有7000万名注册用户。图5-1显示了Napster上线时音乐行业收入的急剧下降。

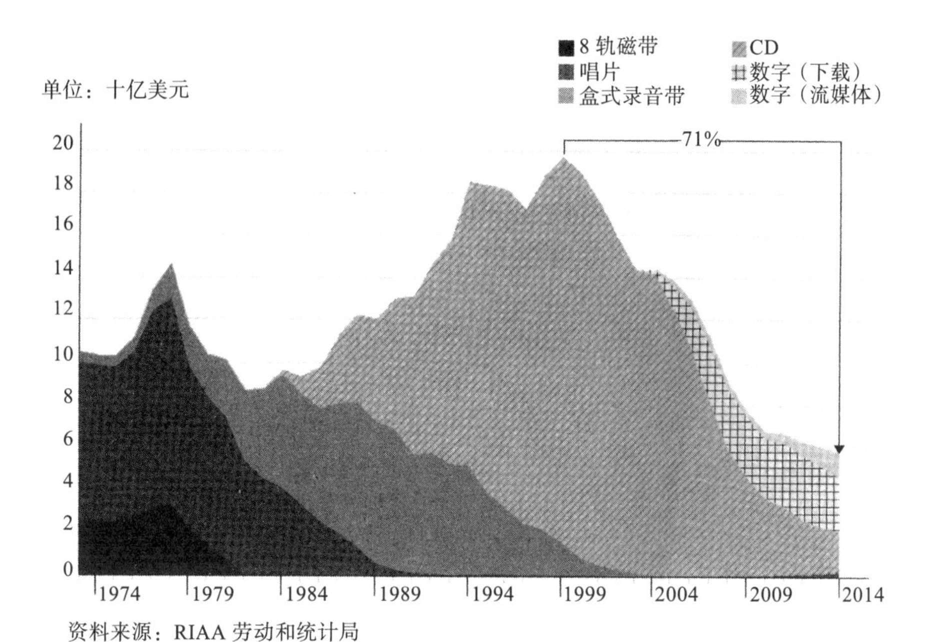

资料来源：RIAA 劳动和统计局

注：不包括音乐视频购买

图 5-1　Napster 上线时音乐行业收入急剧下降

如果说 1999 年是音乐产业的高峰，那么 Napster 和所有在其关闭后崛起的盗版网站则把这个行业的发展引向低谷，将音乐录音产业的产值从 200 亿美元减少到 75 亿美元。想象一下，其他行业因盗版而削减三分之二的产值所引发的后果。

2

注意力经济对内容产业的冲击

对于肖恩·帕克而言，如果能够作为第一个窃取知识产权的技术发明者而闻名，那么同时被贴上“曾因黑客行为而被定罪”的标签也不算坏事了。在讲述脸书有关故事的电影《社交网络》中，帕克由贾斯汀·汀布莱克扮演。由汀布莱克完美演绎的帕克的坏男孩经历，吸引了年轻的马克·扎克伯格，后者最终任命帕克做了脸书总裁。帕克之后起到了重要作用，他将扎克伯格介绍给彼得·泰尔，后者成为脸书的第一个外部投资人。但帕克无法摆脱他那坏孩子的习惯，最终不得不离开脸书。当然，泰尔忠于他的朋友，他的基金风险投资部门雇用了帕克，并指出：“帕克是他这一代人里伟大的持续创业者，他真正改变了世界，改变了历史的车轮。”

泰尔秉承的道德观使帕克很容易被塑造为“扭转历史的车轮”的人，尽管他的名声建立在饱受道德质疑的项目上。毋庸置疑，帕克是一个破坏者，他的业务建立在盗版（Napster）和全面追踪用户（脸书）的基础上，我们不禁要质疑所谓的“注意力经济”到底创造了什么？泰尔和帕克是在帮助构建文化还是在摧毁文化？如果新的替代品对整个社会更有利，那么打破先前的关键文化基础设施还是值得的。例如，报纸的大规模衰退（见图 5-2）带来的是更可靠的本地和全球新闻来源，还是更多的噪声和混乱？泰尔和帕克的脸书目前为 BuzzFeed 和《赫芬顿邮报》提供 70% 的入站流量。这三个网站现在是许多美国网民的唯一新闻来源。

硅谷的颠覆者们对他们在历史中的地位以及技术在推动变革和发展经济中的作用有很高的评价。正如帕克所说：“技术，而不是商业或政府，是大规模社会转变背后的真正推动力。”但正如原子科学家罗伯特·奥本海默在广岛原子弹事件之后发现的那样，技术进步并没有固有的道德标准。帕克本人在接受大卫·柯克帕特里克采访时解释了这一点：

我觉得描述我的最佳方式是将我视为洛基这个典型角色，就像约瑟夫·坎贝尔笔下的千面英雄。我就像神话中的恶作剧者或朋克。他并没有试图造成伤害，而是揭掉了覆盖在传统的社会认知上的面纱。这类背叛的事儿，在Napster是司空见惯的。关键是内容产业本身，就像“皇帝新装”一样。这一切可能听起来过于自命不凡和自恋。

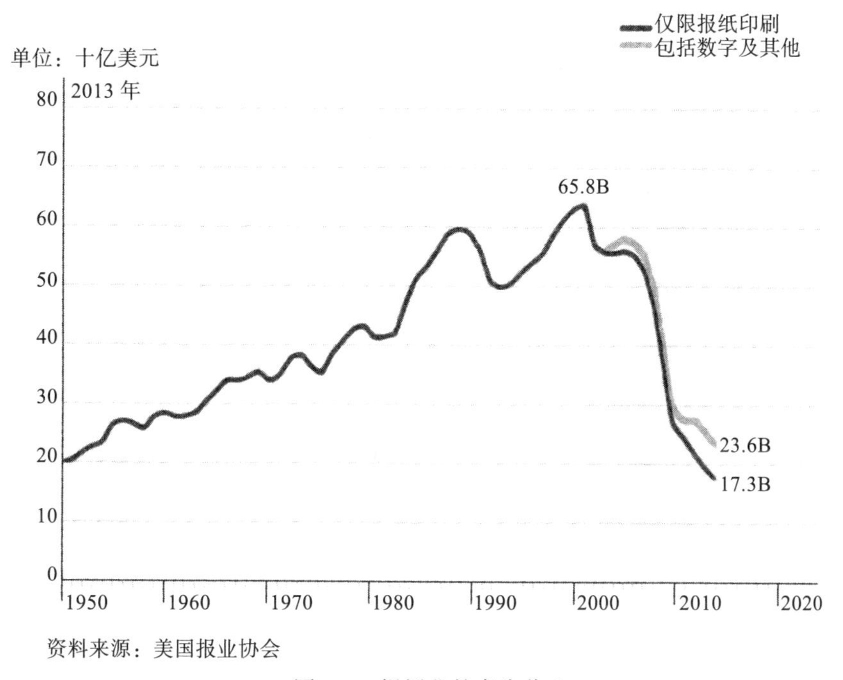

图5-2　报纸业的广告收入

在同一次采访中，帕克哀叹他所看到的当代文化中革命性思想家的缺失，如杰克·莫里森或杰克·凯鲁亚克。听到这位每年都去参加“火人节”以期重新发现他的吉姆·莫里森梦想的反叛的风险投资家，哀叹他的美国同胞倦于思想，是有些百感交集的事。因为他的创业给美国文化带来巨大破坏，恰好包括莫里森所在的音乐行业。对外行来说，“火人节”是每年五一劳动节周末在内华达州黑石沙漠举办的年度聚会。它被形容为受十大原则影响的“社区和艺术实验”，这些原则包括“激进包容、自力更生、自我表达”等。这个自由派的伍德斯托克聚会包括很多疯狂的举动，这对帕克来说十分完美，他出生于伍德斯托克音乐节创办后的那一年，恰好让他发挥反叛式的摇滚想象。

3

拉里·佩奇的音乐训练与谷歌速度

德国小说家托马斯·曼将像肖恩·帕克这样的人描述为“布尔乔亚男人”，这是一个想表达自己的艺术欲望却被束缚在西装和官僚世界里的男人。这也可以用来描述拉里·佩奇，一名在高中时期演奏萨克斯并学习音乐作曲的年轻人。佩奇在大学里试图发明一种音乐合成器，但无法搞定设备所需的实时音乐软件。就像帕克（或者是他的音乐同好者史蒂夫·乔布斯）一样，佩奇并没有成为专业音乐家的才能，所以他在斯坦福大学攻读计算机科学硕士学位，并于1995年申请攻读博士。

佩奇从他受到的音乐教育中获得的重要理念是速度很重要。“在某种意义上，我觉得音乐训练为我带来谷歌的高速度，”佩奇在接受《财富》杂志采访时表示，“在音乐训练中，你要对时间有非常敏锐的感知，时间和节奏是非常重要的。”拉里·佩奇可能从未听过早期路易斯·阿姆斯特朗的录音，其中时间概念被重新解读。阿姆斯特朗所做的就是抛弃他在新奥尔良游行乐队中所学到的经典时间概念，并用一个滑动的推拉式切分来代替它，这将定义“摇摆”的概念。一旦计算机在音乐中无处不在，那么计算机时钟（迪斯科的节拍是每分钟 120 次）会将佩奇的时间理念带入流行音乐。

像肖恩·帕克一样，佩奇喜欢“火人节”，他说：“那是人们可以尝试新事物的环境。作为技术专家，我们应该有一些安全的地方，能够尝试新事物，并发现其对社会的影响。看看这些新事物对人们的影响是什么，而不必将其推广到全世界。”事实上，佩奇和他的搭档谢尔盖·布林对参加“火人节”十分看重，他们将埃里克·施密特是否出席“火人节”作为是否同意聘请他做首席执行官的主要理由（在谷歌董事会坚称佩奇和谢尔盖·布林需要“成年人的监督”之后）。我认为帕克和佩奇都热衷于“火人节”是因为它接近他们所希望的“自由城市”模式。

谷歌上市时，这种控制需求也发挥了作用。布林和佩奇建立了一个两级股票结构（模仿 Comcast 这样的有线电视公司），他们拥有的投票权是普通股民的十倍。正如佩奇在给股东的一封信中所解释的那样：“新投资者将完全分享谷歌未来的长期收益，但几乎无法通过他们的投票权来影响谷歌的战略决策。”佩奇和布林刻意“破坏”传统上市公司的经典概念。他们想要享受公开募股的所有优势，但不想被股东所左右。

4

谷歌、YouTube的“无须许可”模式

谷歌成立是互联网发展史上的重要时刻之一，因此有必要花些时间来理解其经营哲学。正如肯·奥列塔在他的书《谷歌：我们所知的世界尽头》中指出的，佩奇和布林从未想过将整个万维网复制到他们的服务器上，然后加以索引。安·兰德的名言“谁来阻止我”似乎是谷歌的创始原则。佩奇在其最初的股东信中，始终坚信兰德式的信念“不作恶”是至关重要的，每个人都应该相信他们的良好意愿。“我们坚信，从长远来看，通过成为一个为世界做出贡献的公司，即使放弃一些短期收益，从长远看也会获得更好的回报，无论是从股东身上获得还是以其他方式获得。这是我们文化的一个重要方面，并且在公司内部得到了广泛的共识。”

这种朴素而几乎不加修饰的对权力的渴望，这种二元对立，即认为谷歌无须获得许可就能做任何想做的事情，而且其结果一定很好且没人会抱怨是公司的核心理念。Gmail邮件和谷歌街景就是两个例子。谷歌给客户提供一种选择，允许谷歌读取客户的所有邮件（以便推送定制广告），用户得到的回报是获得GB级的免费存储。如果谷歌事先征求用户的意见，用户未必会选择谷歌提供的免费邮件系统和无限的存储。事实上，细则上写的是“你允许我们阅读你的邮件，以便卖给你东西”。没有人被问到谷歌街景相机是否可以拍摄他们前院的照片并将其与他们的地址相匹配。

但佩奇似乎没有意识到二元对立的讽刺味道。他说：“对我而

言，隐私和安全非常重要。我们把这当作一体两面，如果没有安全，你就没有隐私。”但是，没有人比拉里・佩奇更能消灭隐私了。在 Gmail 出现的前两年，佩奇拒绝在服务中添加“删除”按钮，通过保留所有通信，谷歌能够做出你的用户画像，这比让你能够抹掉过去令人尴尬的部分重要多了。你留下的数据痕迹对实现“个性化搜索”也至关重要，埃里克・施密特告诉《大西洋周刊》：“我们根本不需要你打字。我们知道你在哪里、去过哪里，我们可以或多或少地知道你在想什么。在欧洲，谷歌继续挑战被遗忘权，即客户从谷歌搜索引擎中删除那些对个人描述有误的文章的能力。

当布林决定将全世界所有的书都数字化时，谷歌采取了类似的“无须许可”行动方针。正如布林告诉奥列塔的那样，如果他们询问了作者和出版商，谷歌可能就没法完成这个项目。同样的事情在谷歌的 YouTube 平台上也发生了，公司设法让内容所有人负起举报侵权网站的责任。YouTube 年度收视率同比增长 60%，2017 年的收入可能达到 120 亿美元。由于“无须许可”方针，世界上每一首曲目都可以在 YouTube 上成为一个简单的音频文件（大多数是由用户发布的）。因此尽管 YouTube 是全球最大的流媒体音乐网站，占有 52% 的市场份额，但它只为音乐行业贡献了 13% 的收入，如图 5-3 所示。

YouTube 的联合创始人查德・赫利是 PayPal 这所“学校”的校友，受到彼得・泰尔的哲学影响。他基于拉里・佩奇所拥抱的“无须许可”的理念创建了自己的公司。在针对该公司的早期版权侵权诉讼中披露的电子邮件清楚地表明，赫利知道他的业务建立在非法行为之上。在 2005 年 6 月 15 日给他的联合创始人的电子邮件中，赫利写道："因此，规避版权的一个办法，可能是删掉'无侵权或淫秽材料'那一行，并让用户自己调整上传的视频。从法律上讲，这对我们来说可能会更好，因为我们会说明我们可以检查所有视频，并告诉他们如果对内容有顾虑，可以使用自己的工具调整。"

■ YouTube ■ Spotify、TIDAL、Deezer、Rdio、Beats、Rhapsody、Google Play、Xbox Music 等

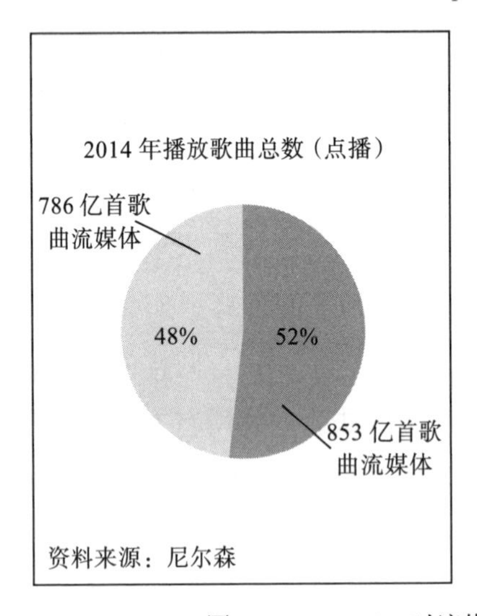

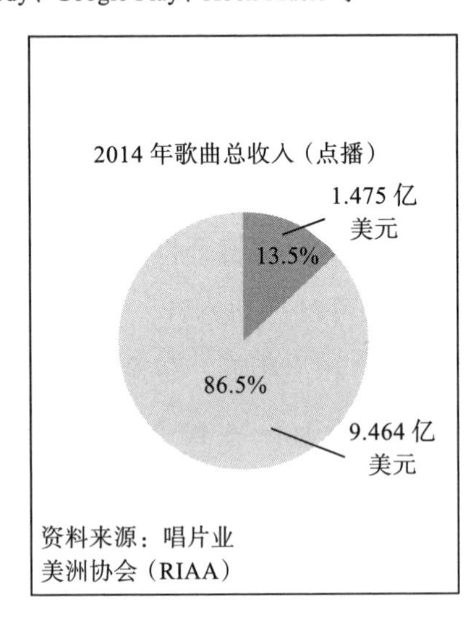

图 5-3　YouTube 对流媒体音乐行业收入的贡献

在这里，赫利表达了对早期《数字千年版权法》（Digital Millennium Copyright Act）"安全港条款"的赞赏，就在谷歌上线几周后，时任总统比尔·克林顿签署了该项法律。该法规能够保护在线服务提供商（如谷歌和 YouTube）免受版权侵权诉讼，只要它们没有掌握有关侵权活动足够的知识，未获得直接归因于侵权活动的经济利益，以及在收到侵权通知后，迅速采取行动下架和阻断对侵权材料的访问。自 2005 年赫利发出那封电子邮件以来，这一直

是 YouTube 的策略：假装不知道用户上传的是侵权资料，只有当收到版权所有者通知时才下架相关内容。但这当然忽略了《数字千年版权法》的一条关键规定——YouTube 从网站上存在的侵权内容中直接获得经济利益了吗？答案当然是肯定的。事实上，你可以说 YouTube 在竞争激烈的领域取得成功，有部分原因正是它对盗版内容睁一只眼闭一只眼。像雅虎和 Real Networks 这样的竞争对手认为它们参加的是拳击比赛，那里还有规则，而 YouTube 则是在职业摔跤赛中表演，那里没有规则。

2006 年，谷歌以 16.5 亿美元的价格收购了 YouTube。但掠夺行为并未停止。在维亚康姆诉 YouTube 的案子中提到，2006 年 6 月 8 日，一份概括了 YouTube 内容战略的演讲被公开，它是由管理谷歌产品的高级副总裁乔纳森·罗森伯格发给首席执行官埃里克·施密特、联合创始人拉里·佩奇和谢尔盖·布林的。其中提到，谷歌必须对优质内容提供商施压，迫使他们免费；用“或其他”的立场来对付各处的版权侵权；对热门内容采取“先播放，后处理”方式；谷歌可能会引流或强制访问“病毒式”高级内容、威胁改变版权政策、使用威胁来搞定交易等。

当然，谷歌对自家的知识产权不会那么慷慨，它在招股说明书中警告说：“我们的专利、商标、商业机密、版权和所有其他知识产权对我们来说都是重要资产……任何对我们知识产权的侵害都可能损害我们的业务或竞争能力。”

5
内容创作者与“新的看门人”

自 2005 年以来，我们看到大量利润从分配给内容创造者变成分配给了平台所有者。音乐和报纸业务的收入大幅下降，与此相对的是平台收入的上涨，如图 5-4 所示。

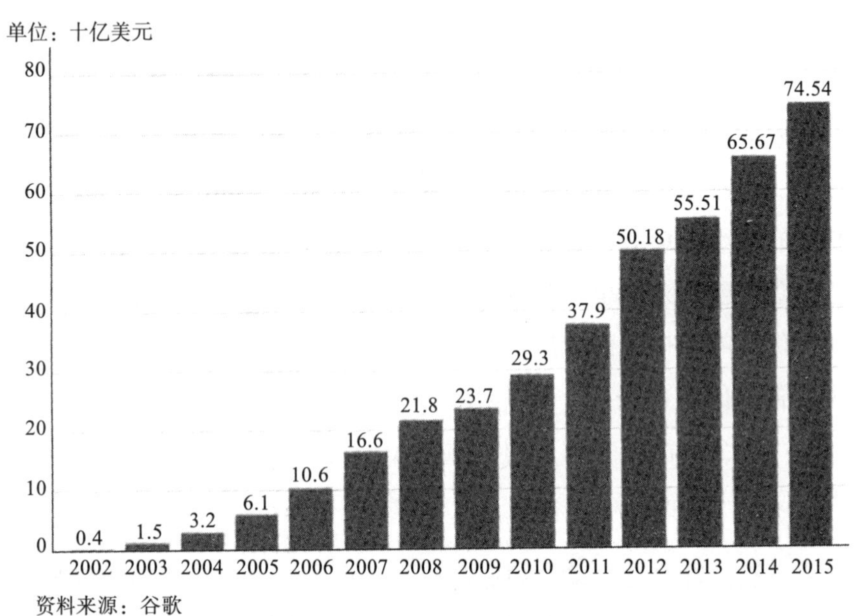

图 5-4　谷歌年利润的增长情况

现在听音乐、看书和看电影的人比以往任何时候都多，但流向内容创作者的收入在下降，流向平台的收入在增加。每个平台都给创作者带来了不同的挑战。谷歌和 YouTube 由广告业务支撑的“搭便车”源于其背后的免授权理念。脸书对内容和广告采取了几乎同样的立场，但有迹象表明其首席执行官在道德层面对公司的走向存在质疑。亚马逊及其创始人杰夫·贝索斯拥抱自由主义信条，但并没有采取“无须许可”的路线，而是开辟了一条新的战线：不懈地推动降价并将内容商品化（特别对书籍），这带来的是另一种危险。苹果公司则是自由派信条的反对者。史蒂夫·乔布斯和蒂姆·库克都是内容界的真正盟友，他们反对谷歌和脸书所采取的监控–营销这一核心业务模式（通过支持广告拦截器），直接站到了主流搜索和社交平台的对立面。

技术精英对自己垄断平台的捍卫，建立在公然无视艺术家的知识产权的基础上，我被这个事实击中，是在2012年4月《快公司》的“未审查创新”活动上。当时我在和红迪网的创始人亚历克西斯·奥哈尼安辩论。红迪网是一个在线公告板，用户可以在上面发布几乎任何主题的链接（称为Subreddits子版块）。子版块条目充斥着色情、新纳粹宣传、白人特权、玩家门的话题——全部打着言论自由的名义。自2006年被康泰纳仕收购以来，它一直试图掌控更离谱的子版块。但是，控制红迪社区开始变得力不从心，在2011年秋季，康泰纳仕将红迪很大一部分股份卖给了由萨姆·奥尔特曼、彼得·泰尔和马克·安德森领导的团队。在辩论中，奥哈尼安骄傲地提到他自己在互联网上消费的“免费音乐和电影”，说到像The Band这样的乐队需要通过巡演来赚钱时，他认为，列翁·赫尔姆无权从过去的录音中赚钱。因为觉得自己在会议上的辩论不够好，奥哈尼安第二天还写了一封公开信给我，《快公司》发表了这封信：

> 感谢今晚在纽约《快公司》的“未审查创新”会议上和我的辩论！就像我在台上所说，我力图提供一个方案来纠正音乐行业对The Band成员的所作所为。我

希望今晚我所讨论的创新以及企业家在从事的其他创新，将继续由艺术家来做，并阻止那些“虐待”他们的人。就像我在台上所说，很荣幸能够聚集 The Band 的成员，一起制作下一张专辑，或用来纪念列翁·赫尔姆的东西——只要是他们想发行的任何创意（这次由 Kickstarter 公募基金资助）——我们很乐意在红迪网的 IAMA 版块发布。

我用一封公开信回答他：

亲爱的亚历克西斯：

上周我们的辩论谈到了我的朋友和同事列翁·赫尔姆所遭受的不公，他在 70 岁时还不得不继续巡演，以支付治疗喉癌的费用。星期四，列翁去世，我感到难以言喻的悲伤。我不只为列翁的妻子和女儿感到难过，更为你如此居高临下地提出“纠正音乐行业对 The Band 成员的所作所为”而难过。并不是音乐行业造成了列翁的困境，正是像你这样的人为海盗湾和金·达康这些吸血鬼庆祝，它们从音乐家和电影制作人的辛勤工作中掠夺了数百万美元。

在辩论中你如此自豪，和那些下载“免费音乐和免费电影”的人一样举起手。但正是由于你的自私决定使得那些音乐免费。这不是列翁的决定。事实上，在 The Band 停止录制唱片后的很多年，列翁都可以从乐队的专辑版权中获得收入并过着相对体面的生活。但再也不会了。

那什么是你的方案呢？慈善施舍。你想给每个伟大的艺术家一个虚拟的众筹讨饭碗。但列翁从未考虑过来自红迪社区或Kickstarter社区的施舍。他只想通过他这一生创作的伟大作品过一种问心无愧的生活。

你是如此无能为力，因此只能让乐队聚到一起举办慈善音乐会，却没有意识到五个成员中有三个已经辞世。拿走你的慈善去推广吧！让我们凭借自己的工作获取报酬，停止你单方面决定免费的举动。

奥哈尼安没有回应。

互联网本可以给艺术家带来福音，本可以消灭“看门人”（指决定哪些电影和音乐将获得广泛发行的大型电影公司和唱片公司）。但音乐行业的一个统计数据指出，这个想法就是个肥皂泡。当我开始从事娱乐行业时，我们谈到了帕累托曲线，也称为80/20法则。它指出，一家电影或唱片公司80%的收入来自其20%的产品。换句话说，只有五分之一的电影会大火。2015年，在音乐业务中，80%的收入来自1%的作品。因此Jay Z、泰勒·斯威夫特和其他少数几人变得非常富有，大多数音乐家的唱片则赚钱很少或没有赚钱。可能正是由于搜索引擎的本质，将最受欢迎的项目推到了搜索结果的顶端，强化了这种“赢家通吃”的局面。互联网给我们带来的多样性不就是这一小部分不断循环的内容吗？

当音乐转成全流媒体格式，更深层次的问题出现了。像Spotify和YouTube这样的服务平台会提供TB级的数据供唱片公司分析，整个行业受数据驱动的特点将更加明显。数据能很好地向人们展示目前的流行趋势，但它指出艺术发展方向的能力很糟糕，因为伟大的突破来自以前从未做过的事情。对数据的依赖使得好莱坞和音乐企业陷入了重拍和续集的文化泥沼，因为只有大数据认同的作品才能成功。正如作家柯特·安德森在《名利场》中指出的那样：“即便技术和科学的飞跃能够不断颠覆生活，但流行的风格一直在重复，这是消费过去，而不是创造新品。”最近大卫·鲍伊的去世让我想知道像他这样的艺术家，是否永远不能在今天的音乐行业里获得一席之地。他没有火起来，因为他创作的是需要时间才能理解的复杂作品。甚至鲍伊自己都知道，他很幸运能够在音乐成为商品之前的前数字时代开始他的职业生涯，他在 2002 年告诉记者：“音乐本身将变得跟自来水或电力一样。看起来就是这样，只能珍惜这最后几年，因为这一切都不会再发生了。”当你想起鲍勃·迪伦的第一张专辑两年内销售了 4000 张时，你就会意识到这样的合同将永远不会再出现。

就像亚历克西斯·奥哈尼安这样的技术乌托邦主义者告诉我们的，互联网会“消灭所有看门人”。但真正发生的是，新的看门人（平台）取代了旧的看门人。谷歌的市值为 5320 亿美元，时代华纳的市值是 610 亿美元，娱乐界的力量天平已倾向平台。为了理解这是如何发生的，我们需要看一下垄断资本主义的本质，以及这个古老且臭名昭著的掠夺式资本主义如何在数字时代呈现出一种新形式。

第六章

数字时代垄断

竞争是留给失败者的

——彼得·泰尔

1

博克的《反托拉斯悖论》与芝加哥学派

把安·兰德和米尔顿·弗里德曼的自由主义市场原则纳入美国经济和司法体系这件事，纵观20世纪，没人做得比罗伯特·博克更多。在耶鲁大学法学院，博克教授的反托拉斯法课程常常爆满。1971年，他教过比尔·克林顿和他的妻子希拉里，以及罗伯特·赖克（美国前劳工部长）、克拉伦斯·托马斯（最高法院大法官）和理查·布鲁门萨尔（康涅狄格州参议员）等学生。博克身材高大，棕色卷发，带着大玳瑁眼镜，留着胡子，让他看起来像阿米什农夫和拉比的合体。他偏爱深色西装和布鲁克斯兄弟牌的纽扣衬衫，他对时尚的让步，仅止于喜爱的佩斯利涡旋花纹领带。

博克讲授的反托拉斯理论（有人呼吁该称为“挺托拉斯法”），源于他对商业监管本质的思考。赖克回忆说，博克的课引起很多争议：“我不知道他的思想对未来几年的反托拉斯政策产生了多大影响。当时对我来说很荒谬，因为他只关注了公共政策的一个维度——消费者福利——而忽视了如行政权力或掠夺。”1973 年 3 月，在理查德·尼克松和后来的杰拉尔德·福特执政期间，博克将他的授课理念带到了任美国副检察长的工作中。要说博克对《谢尔曼法案》（Sherman Act，美国主要的反托拉斯法案）有多不在乎，从该法案的申请量在博克任期内大幅度降低这一点就能看出来。博克离开司法部时，出版了《反托拉斯悖论：一项双手互搏的政策》(*The Antitrust Paradox: A Policy at War with Itself*，简称《反托拉斯悖论》)，从那时起反托拉斯法就特别将重点放在以效率为中心的法规上，并将其目标阐述为“消费者福利”。换句话说，博克认为监管机构唯一应关注的是消费者的购买价格是否在下降。从博克的观点出发，如果沃尔玛最终成为美国唯一的综合零售商，只要价格持续下跌，就将有利于提升消费者福利。1984 年，当博克担任哥伦比亚大区上诉法庭法官时，我在美林投资银行担任负责兼并和收购的副总裁。我们推动海湾石油公司并入加州的标准石油公司，从而造就了雪佛龙公司，并将主要石油公司的数量从 7 个减少到 6 个。在整个过程中，反托拉斯的问题从未被提起。

博克对反托拉斯法的解释以米尔顿·弗里德曼的芝加哥学派自

由主义经济理论为核心。在 20 世纪 40 年代后期，博克作为罗斯福新政的忠实信徒进入芝加哥大学，并开始与和他有类似自由主义观念的克莱尔·戴维森约会。后来，他开始对经济法学这个交叉学科产生兴趣。当时，占据芝加哥大学思想主流的保守派教授反对任何政府应该或可以监管市场的做法。自由市场需要发挥作用，不受政府监管的影响。无论是追求学术理念的先进性还是促成他们自己真正信念的转变，博克和戴维森（他们于 1952 年结婚）都受到了芝加哥学派的影响。从那时起，他就一直和政府监管斗争，并倾其余生反对政府监管。正如《纽约时报》在其讣告中指出的那样，这一立场使他失去了最高法院的席位："1963 年，他还为《新共和》撰写了一篇决定性的文章，这在他 1987 年的注定失败里起到了关键作用——谴责 1964 年提出的《民权法案》中公共居住部分旨在整合餐馆、酒店和其他企业。博克先生表示，他不反对融合，但担心政府对私人行为的强制威胁到了自由。"

谷歌、亚马逊、脸书都是垄断企业，如果不是罗伯特·博克，它们都会被反托拉斯法起诉。从福特执政期间一直到奥巴马的白宫岁月，博克的原则都体现在《反托拉斯悖论》上，他鼓励并购并呼吁减少监管，这些主张统治了司法部的反垄断分支机构。在博克出版这本书的那一年，里根新任命的反垄断部门负责人威廉·巴克斯特告诉《纽约时报》，他将采取基于效率考虑的反托拉斯政策。正如巴里·林恩在他的《走投无路：新垄断资本主义与破坏经济学》（*Cornered: The New Monopoly Capitalism and the Economics of Destruction*）一书中所指出的那样，来自两党的参议员均反对巴克斯特的政策。他们认为，"消费者"这个词从未在《谢尔曼法案》中出现过，这意味着制定这部法律“不是为了降低商品价格，而是为了保护独立的企业家，并防止一些人利用政治经济制度把权力集中在自己手中”。

2

杰斐逊的限制垄断思想

除了偶尔帮助小家伙与企业巨头竞争，为什么说反托拉斯法很重要？为了回答这个问题，我们需要知道对垄断的恐惧可追溯到美利坚合众国创始人和亚历山大·汉密尔顿与托马斯·杰斐逊之间史诗般的战斗。汉密尔顿代表了纽约的商业力量以及持有革命资金的金融家。杰斐逊则代表民众，1784年，他被派往法国，成为驻法公使。他在法国期间，正值费城制宪会议举行，在宪法成形过程中，詹姆斯·麦迪逊代表了杰斐逊的观点。杰斐逊的主要反对意见是原始文件中没有关于权利的法案。他在阅读了宪法初稿后，在巴黎写信给麦迪逊：

> 我现在告诉你我不喜欢什么。首先，缺了一项权利法案，要明确地、不带诡辩地提供宗教自由、新闻自由，建立常备军队，限制垄断（着重强调），人身保护法拥有永恒的力量，陪审团在所有事实上都可以根据当地法律进行审判，而不是根据国家法律进行审判。

最后，在麦迪逊的帮助下，他让与会代表写了一份《权利法案》，但汉密尔顿的联邦党人强烈反对其中“限制垄断”这一条款。从他在欧洲的居住地，杰斐逊获得了诸如东印度公司等垄断腐败力量的第一手资料。该公司在与印度和中国的贸易中拥有绝对的垄断地位，变得相当富有、强大，以至于它在1708年借给了几乎破产的英国财政部300万英镑，以延长其垄断时间。杰斐逊还观察到，该公司高管所享有的垄断租金（从垄断商品中获得额外收益）能支持他们回到英国建立庞大的庄园和企业，并获得政治权力。东印度公司在英国议会开设了一个游说团体，这个游说团体非常强悍，以至于可以制定法律让国家承诺将保护国家的军事力量用于保护其私有贸易路线。杰斐逊了解到1770年的孟加拉大饥荒中有1000万人死亡，英国东印度公司迫使孟加拉当地农民放弃种植粮食而种植鸦片——作为其出口战略的一部分，把鸦片卖到中国——导致孟加拉当地人民粮食短缺。杰斐逊看到了无限制的垄断可能造成的破坏。

汉密尔顿希望双管齐下，他坚信资本可以影响政治，但政治不应该影响资本。他于1784年创立了纽约银行，并决心成立一家国有银行，其20%的股份将由美国政府持有，其余的由汉密尔顿的朋友持有。这就是垄断。1791年2月，尽管遭到杰斐逊、麦迪逊及其盟友的反对，汉密尔顿还是促使国会通过该法案。时任国务卿杰斐逊呼吁乔治·华盛顿否决这项法案，但总统已将其交给了他的财政部部长汉密尔顿。这样，美国企业的这个舞台就交给了巨型公司统治。

到19世纪末，像标准石油和摩根大通这样的公司统治着名为“托拉斯”的垄断联合体。面对垄断的真正威胁，美国国会于1890年通过了《谢尔曼法案》，对任何“将垄断或企图垄断或与其他任何人合谋或共谋垄断几个国家或外国的贸易或商业”的人规定了罚款和监禁处罚。西奥多·罗斯福总统使用这项法律打破了洛克菲勒的标准石油托拉斯和摩根的北方证券托拉斯。以下是罗斯福关于垄断所引发的4个危险的描述：

> 我们松散地称之为托拉斯的大公司是各州的产物，各州不仅有权控制它们，而且无论何时都需要这种控制，这是州政府的责任。
>
> 出路不在于我们试图阻止这种联合的努力，而在于完全控制它们是为了公共福利。
>
> 出于政治目的的公司支出，已经成为我们政治事务中腐败的主要来源之一。
>
> 州政府特别是国家政府对不公平攫取财富的行为缺乏有效制约，往往会造成一小批极其富有的人，他们的主要目标是维持并增加他们的权力。我们最需要做的是改变使这些人能够积累权力的条件，因为他们攫取和行使这些权力的目的并不是为公众谋求福利。

3

寻租、垄断租金加剧经济不平等

尽管直到罗纳德·里根才实现了对反垄断政策历史性的突破，但不能仅仅将其归咎于共和党政府。正如巴里·林恩指出的那样，比尔·克林顿“对垄断的态度甚至比里根或布什更友好”。布什曾提到，即使克林顿和戈尔在1992年的总统选举中站在媒体垄断对立面，他们仍决定允许从里根时代就开始进行兼并的美国媒体公司持续扩张，将大公司数量从50多家减少到6家。当然，自克林顿以来，罗伯特·博克的自由主义理论继续在布什政府和奥巴马政府中占据主流地位，并反映在最高法院法官斯卡利亚于2004年提出的一个重要论点中：单拥有垄断权力，以及同时收取垄断价格，不仅不是非法的，它还是自由市场体系的一个重要元素。斯卡利亚并不孤单，南加州大学的李·爱泼斯坦、芝加哥大学法学院的威廉姆·M.兰德斯[㊀]和芝加哥联邦上诉法院的理查德·A.波斯纳[㊁]都持有相同的观点。针对法官的一项研究发现，自1946年以来，10个大法官中有5个对公司最友好，他们都在最高法院坐镇，那时是斯卡利亚大法官的最后任期。

但是，这种政策的深刻变化是如何避开大多数美国人的注意的呢？也许你拥有一家酒吧并且只有一家啤酒供应商（正如两家啤酒巨头AB InBev和SABMiller的合并获得批准），那么垄断可能会影响到你的生活，但对于我们大多数人来说，它不会被注意到，尽管它对我们的福利有深远的影响。正如经济学家叶琳娜·拉金及其同事所指出的那样，不断增加的合并使美国上市公司的数量减少了50%以上，公司数量的减少如此巨大，以至于如今的公司数已低于20世纪70年代早期的数量，当时美国的实际国内生产总值才是现

㊀ 威廉姆·M.兰德斯是一位美国经济学家，曾撰写有关法律经济分析的文章。他是美国艺术与科学学院的研究员，同时也是咨询公司Lexecon的创始人。——译者注

㊁ 理查德·A.波斯纳是美国联邦上诉法院法官，曾任芝加哥大学法学院教授，是法律经济学运动的重要人物。——译者注

在的三分之一。

总统经济顾问委员会两位主席彼得·奥斯扎格和杰森·福尔曼[㊀]发表了一篇题为《从企业角度看租金在不平等日益扩大中的作用》的论文，该论文提出了“资本超常回报”，竞争有限的公司正在导致经济不平等的加剧。他们将这些公司描述为“寻租”：

> 经济租金是当生产要素超过了将其保持在市场所需水平时的回报。例如，资本可以通过参与反竞争行为来获取租金，从而获得超过机会成本的收入。而且，劳动力市场结构可能会导致某些行业出现一些垄断因素，这就会导致经济租金向企业倾斜。

我们所有人都在面对的典型寻租例子是有线电视服务，其价格偏高而服务响应偏低，只是因为本地垄断使公司能够促成更好的“交易”。所以我们怀疑谷歌、脸书或亚马逊是一家寻租公司——是否垄断了它们使用的资源——也许是合理的。亚马逊是否可以拒绝出版商访问其庞大的客户群，是否允许它从出版商那里获得的租金超过电子书市场中有多个大卖家时的情况？是的。脸书和谷歌可以从广告商那里获取超出正常市场价格的垄断租金，以换取对数十亿用户有针对性的访问吗？司法部前部长汤姆·巴内特在2011年9月参议院反垄断委员会的证词中回答了这个问题：“首先，请记住谷歌是一家广告公司，谷歌去年的广告收入为300亿美元（2015年为

㊀ 杰森·福尔曼曾经是纽约大学的经济学者，曾担任奥巴马总统的顾问。他在2005年提出了一个有名的论点，即沃尔玛的发展历程是一个逐步获得成功的故事。——译者注

600 亿美元）。鉴于其在广告方面占据主导地位，其中很大一部分已经是垄断租金。”

彼得·奥斯扎格同意，告诉澳大利亚的民众，脸书和谷歌是垄断者，它们正在使用我们的个人信息，而无须向我们付钱，并通过这些信息销售广告以获得垄断租金。因此，对于奥斯扎格和福尔曼来说，公司之间而不是公司内部的不平等程度一直在加剧。是的，首席执行官的工资仍然超过普通的工作人员，但谷歌、亚马逊和脸书的工作人员拥有的股票期权远远优于其他行业。像谷歌和脸书这样的科技巨头要为经济不平等负更大的责任，这可能远超我们的认识。“可能是因为我们已经在回答是什么导致了美国不平等现象日益严重这个问题时犯下大错。”奥斯扎格在悉尼会议上如是说。

4

数字媒体与互联网“赢家通吃”局面

美国工业加快了垄断步伐，这使美国逐渐陷入寡头政治的旋涡，这对其政治制度产生了深远的影响。普林斯顿大学的政治学家马丁·吉伦斯和西北大学的本杰明·佩奇在研究了不同收入群体对各种问题的舆论差异后发现，少数公司和富人的偏好产生了巨大的影响。对于政策制定，中等收入人群和贫困人口的观点几乎无法施加任何影响。吉伦斯和佩奇写道：“我们的分析表明，大多数美国公众实际上对政府决定实施的政策影响不大。”社会学家赖特·米尔斯[1]早在20世纪50年代就在他的经典作品《权力精英》中设想了这一点。他写道：“商业和政府之间的关系错综复杂，并长期融合在一起，已经（现在）达到了一个新的更加明确的点。这两者现在不能被视为处于两个截然不同的世界了。”米尔斯几乎无法想象在“后公民联合”的世界上，那些商业公司是如何在数十亿美元的政治运动中发挥作用的。

但是，在数字媒体领域，寡头垄断趋势最为明显。《纽约客》的技术作家奥姆·马利克[2]说：“硅谷的大多数竞争现在都面对一个占据垄断地位的赢家。”其中一部分是来自彼得·泰尔非常看重的网络效应，但一部分也是互联网的独特架构所致。正如巴里·林恩所指出的那样：“新的事实是，数字世界中的垄断者拥有物理世界中的垄断者所没有的权力。这是将生产者彼此隔离并在其中区别对待的能力，也是将消费者彼此隔离并在其中区别对待的能力。”在反垄断法中，“HHI”是指赫芬达尔–赫希曼指数（Herfindahl-Hirschman Index），这是一种被大家普遍接受用于计算市场集中度的指标。HHI的计算方法是，对每个在市场上参与竞争的公司的市场份额进行平方，然后对得到的数字求和。反托拉斯机构一般认为HHI介于1500到2500点之间时属于市场适度集中，HHI超过2500点属于市场高度集中。互联网搜索引擎市场的HHI是7402，已经超出了图表可以统计的范围。

---

[1] 赖特·米尔斯是美国著名社会学家，从1946年至1862年去世一直任哥伦比亚大学社会学教授。米尔斯出版了多部著作，包括《权力精英》《白领》和《社会学的想象力》。米尔斯关注“二战”后知识分子的责任，提倡公共和政治参与而不仅仅是以旁观者的姿态观察。——译者注

[2] 奥姆·马利克是印度裔美国人，同时是一名网络和技术作家。他是GigaOM的创始人和前高级作家，现在是True Ventures的合伙人。——译者注

但亚马逊在它的市场几乎与谷歌在搜索引擎市场一样占据主导地位。据《纽约时报》报道，亚马逊可能会刻意歧视那些不愿意屈服的出版商：

> 在亚马逊针对阿歇特出版公司的策略中，其中一些已经使用了几个月，有一项策略是对阿歇特出版的书要价更高，并暗示读者可能会喜欢另一位作者的书。如果客户出于某种原因坚持并购买了一本阿歇特出版的书，亚马逊则表示需要几周的时间来交付。合同谈判失败引发了焦土战术。亚马逊正在寻求更好的条款，阿歇特一直在逡巡不定，所以亚马逊开始削减它的市场份额。马尔科姆·格拉德威尔和 J. D. 塞林格为此饱受影响，但也有一些阿歇特的作者毫发无损。

亚马逊在电子书发行方面几乎处于垄断地位。最具讽刺意味的是，政府监管机构对垄断的影响无能为力，它们在 2012 年带来了对苹果的反垄断案，当时亚马逊拥有 60% 的电子书市场份额，而苹果则是一个份额相对较小的玩家。但除了图书之外，亚马逊从美国人在在线电子商务中花费的每一美元中都攫取了 51 美分。

不应该是这样的。人们通常认为，网络的门槛较低，这将使竞争更加激烈，但这从未发生过。在搜索业务中，我们有谷歌这样一个垄断者；在智能手机操作系统中，我们有苹果和谷歌的双寡头垄断。我们很快就可能面临康卡斯特和时代华纳在家庭宽带上的双寡头垄断，当然，AT&T 和 Verizon 构成了手机运营商的双寡头垄断。事实证明，互联网非常擅长创造“赢家通吃”的局面。

垄断的增长创造了一种体系，这种体系不像古典经济学家所认为的市场经济那样发挥作用。随着数字经济成为国内生产总值的重要组成部分，谷歌、苹果、亚马逊、康卡斯特、Verizon 和 AT&T 等公司在财富 100 强中占据主导地位，重新审视里根时代那些放松管制的方案是有道理的。正如彼得·泰尔在他的《从 0 到 1》一书中所解释的那样，真正的垄断企业的利润空间非同寻常："谷歌在 2012 年有 500 亿美元的收入（整个航空业是 1600 亿美元），但它的收入中有 21% 是利润——超过当年航空业利润率约 100 倍。谷歌赚了这么多钱，现在的市值是美国所有航空公司市值的三倍。"

问题在于，这些公司的巨大生产力，再加上它们的垄断定价，产生了巨大且不断增长的盈余，这超出了经济以正常的消费和投资渠道吸收它的能力。这就是为什么苹果在其资产负债表上拥有 1500 亿美元现金，而谷歌拥有 750 亿美元现金。这些企业找不到足够的机会来继续投资，因为许多地区已经存在产能过剩的问题，而且因为它们的生产力很高，它们没有创造新的就业机会和可能购买其产品的新消费者。正如财政部前部长拉里·萨默斯所说，缺乏需求造成供应不足。企业现在不再投资创造新的就业机会，而是利用现金回购股票，这只会加剧经济不平等。

5

创新者的窘境与数字垄断繁荣

哈佛商学院的大师克莱顿·克里斯坦森（《创新者的窘境：领先

企业如何被新兴企业颠覆》一书作者）认为：“金融市场和公司本身使用指标评估来推动创新并减少就业岗位，而不是创造就业机会。”而效率创新的回报来得较快，更重要的“创造市场的创新”真正创造了就业机会却需要很长的时间来获得回报。即使像埃隆·马斯克和他的特斯拉汽车这样的硅谷英雄，也只是克里斯坦森所说的“改进性能的创新，用新的和更好的模型取代旧产品。它们通常创造的工作机会很少，因为它们是替代品，当顾客能够购买新产品时，他们通常不会购买旧产品”。

虽然保罗·克鲁格曼，拉里·萨默斯和泰勒·考恩这些不同政治派别的经济学家都写过大量关于2000年以来美国失业率不断攀升且经济发展长期停滞的原因的文章或著作，但他们从未研究过垄断资本主义在这个危机中可能扮演的角色。如果垄断的兴起可以被视为经济停滞的原因，为什么它会持续下去？正如彼得·泰尔在他的书中指出的那样：“竞争公司必须以市场价格出售产品，垄断者拥有市场，因此它可以设定自己的价格。由于它没有竞争对手，它生产的数量和价格组合就能使其利润最大化。”

只关心消费者购买价格的博克规则允许这些数字垄断不断发展，只有在这样的规则下，像谷歌这样的公司才能获得其搜索广告核心业务85%的市场份额，而不会遭到起诉。只有在博克规则下，拥有70%电子书业务的亚马逊才能逃脱制裁。当然，博克规则没有考虑像亚马逊这样的垄断，这是一种市场形式，其中只有一个买家与特定产品的许多潜在卖家接触。亚马逊垄断在图书业务中导致的后果是作者和出版商在赚钱越来越少的情况下，也不得不继续工作。在博克看来，只要顾客购买的价格够低，社会就不需要关心作家能否谋生，独立书店是否面临破产，出版商是否能正常营业。

亚历山大·汉密尔顿认为金融精英控制美国政府的看法可能已经成为共识——除了两位罗斯福总统之外。罗斯福总统给威尔逊总统信任的顾问爱德华·M. 豪斯上校写信时，意识到自己有多么外行，他写道："正如你我所知道的那样，真正的事实是大型中心的金融部门从安德鲁·杰克逊时代起就掌握了政府。"而谷歌则是要真正完善这种模式。

第七章

谷歌的监管干预

垄断者靠谎言自保

——彼得·泰尔

1

谷歌用自身平台干预监管

垄断如何逃脱监管？就像它的两个同行脸书和亚马逊一样，谷歌曾靠政治游说和公关来巩固其独特的市场地位。监管由政治支配，只要在华盛顿宣扬“监管会抑制增长”，当这类为自由市场摇旗呐喊的声音占上风时，垄断就会自由扩散。作为全球最大的垄断企业，谷歌坚称政府活在20世纪，而自己代表着21世纪的商业实践，潜台词是监管机构一窍不通，即使这些监管者深受芝加哥学派经济和法律学说的影响。为了保持其地位，谷歌、脸书和亚马逊不仅要了解美国司法部的战略，还要密切关注管理广告和电子商务的联邦贸易委员会以及联邦通信委员会，后者负责管理互联网行业的规章。

谷歌是美国最大的通信公司（按市值排名），控制着六个超十亿用户的网络平台中的五个：搜索、视频、移动通信、地图和浏览器。如图 7-1 所示，谷歌在全球搜索引擎市场中的份额遥遥领先。先驱咨询公司的斯科特·克莱兰指出，在互联网 14 个头部商业功能中，谷歌在 13 个功能中占据领先地位。正如彼得·泰尔指出的那样，谷歌这样的公司：“靠谎言自保。他们知道夸耀他们的垄断会导致随之而来的审计、调查和攻讦，他们非常希望垄断利润不受影响，于是倾向于尽其所能隐瞒他们的垄断——通常是夸大并不存在的竞争。”

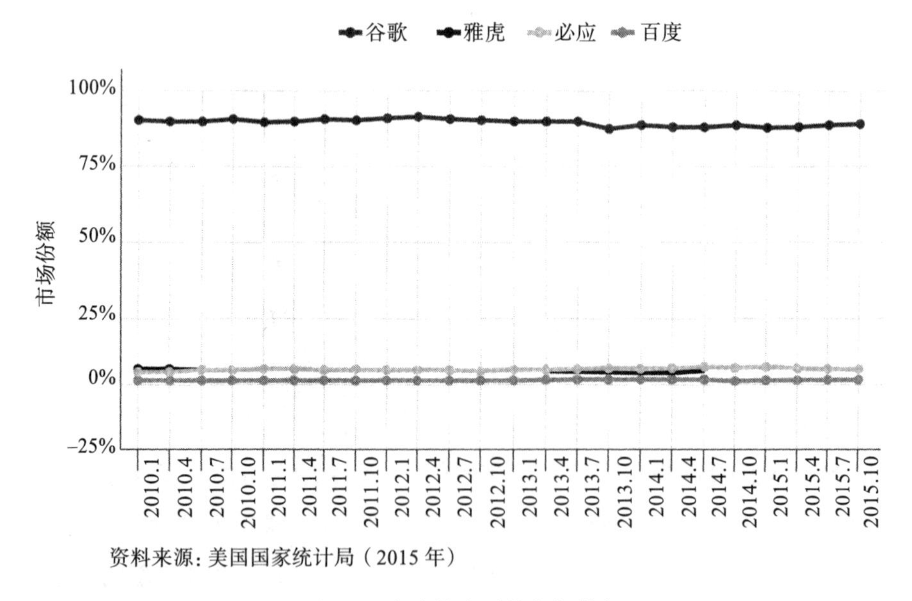

图 7-1　全球搜索引擎市场份额

谷歌“赢家通吃”式的成功，并非保持其技术优势的唯一因素。谷歌花了很多钱来确保政府的行政和立法分支机构能感受到它在华盛顿的政治影响力。该公司每年花费约2000万美元用于游说华盛顿，只有国防工程承包商波音公司才可匹敌。但谷歌有一个直达公众的平台，这远超过波音可采取的任何措施。2012年1月17日，电影和音乐行业发声支持《禁止网络盗版法案》(Stop Online Piracy Act，SOPA)，这是一项旨在限制访问那些托管或支持盗版内容交易的网站来打击侵犯版权行为的法案提议。该法案专门针对谷歌等与盗版网站相关联的搜索引擎。该法案出台后的第二天，谷歌将这张图片（见图7-2）在搜索主页上置顶了24小时。

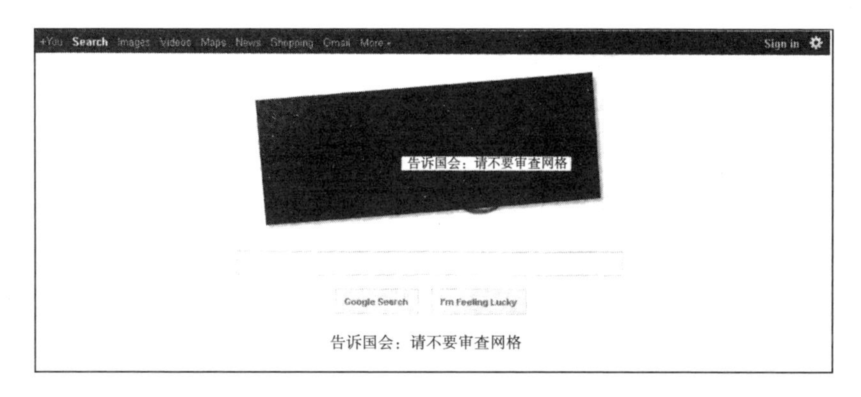

图7-2　谷歌在主页对《禁止网络盗版法案》提出抗议

图片中“审查”这个词和“告诉国会”这一行文字大有乾坤，用户点击后会直接发电子邮件给国会。毋庸置疑，国会的电子邮件服务器因此不堪重负。2012年1月20日，众议院司法机构主席拉马尔·史密斯撤回了该法案。让谷歌停止链接到违法盗版网站却引发审查是奥威尔式胡言乱语的一次实践。但它对立法者的影响是让他们基本上成为谷歌的俘虏。事实上，谷歌能够在与欧盟的斗争中发现其实有许多同样的立法者，欧盟的反托拉斯监管机构似乎更愿意将谷歌称为垄断者。正如《卫报》报道的那样：“共和党和民主党的参议员与国会议员中的许多人已经从谷歌获得了数十万美元的竞选捐款，谷歌向欧洲议会主要成员发送了一系列相似的，甚至是相同的信件。”

2

谷歌、旋转门与政府影响力

但谷歌在“干预监管”领域确实出类拔萃。根据诺贝尔奖获得者乔治·斯蒂格勒的说法，监管干预是监管机构最终由被其负责监管的行业主导的过程。撇开谷歌的埃里克·施密特访问白宫的次数比美国其他企业高管都多不谈，谷歌的首席说客——凯瑟琳·奥亚玛担任时任副总统乔·拜登的副法律顾问，联邦政府中身居高位的谷歌员工真是多得令人难以置信。

- 美国联邦政府首席技术官和她的两位副手是谷歌的前雇员。
- 反垄断部门的副检察长是谷歌的前反垄断律师——来自硅谷的 Wilson Sonsini。
- 预算和管理办公室的首席数字官来自谷歌。
- 联邦通信委员会主席的两名高级助理来自谷歌。
- Healthcare.gov 数字服务总监来自谷歌。
- 美国专利商标局局长是谷歌专利的前负责人。

当然，“旋转门”必定是有进有出的。正如《谷歌透明度报告》（一份独立的监管机构报告）指出的那样：

- 谷歌和白宫之间有53个“旋转门”。
- 其中涉及22位白宫前官员离开政府为谷歌工作，31位谷歌高管（或来自谷歌的主要外部公司）加入白宫，或被任命为联邦顾问委员会成员。
- 谷歌员工和政府职员之间的岗位调动有28人，分布在国家安全、情报或国防部等部门。7名国家安全和情报前官员以及18名五角大楼官员任职谷歌，3位谷歌高管转投国防部。
- 在奥巴马执政期间，谷歌与国务院之间有23个“旋转门”。18名国务院前官员加入了谷歌，而5名谷歌官员则在国务院担任高级职务。
- 谷歌与其外部游说公司和联邦通信委员会之间达成9项举措，该委员会负责处理越来越多的监管事宜，对公司的利润产生重大影响。

在这里，人们可以感受到谷歌的自我保护策略，即在联邦通信委员会、行政管理和预算局、专利商标局和反垄断部门等关键机构中布局，如果它的利益受到威胁，谷歌将始终在审查会议中占据一席之地并掌握关键情报。根据Quartz调查埃里克·施密特的公司Groundwork的报告，谷歌的影响力正在超越奥巴马政府。

> 根据民主党竞选工作人员和技术专家的说法，Groundwork公司是在施密特的努力下成立的，以确保克林顿拥有赢得大选所需的工程师人才。这是施密特进行

的一系列静默投资之一，这些投资说明在现代政治活动的运作过程中，数据分析和数字外展具有重要作用，它们能使候选人找到关键的选民团体。

谷歌在两边都下注。因此，当埃里克·施密特为希拉里·克林顿的竞选活动提供建议时，拉里·佩奇于 2016 年 3 月与肖恩·帕克和埃隆·马斯克一起飞往佐治亚州海岛参加一个秘密会议，该会议由右翼智库美国企业研究所组织。他们在那里会见了共和党众议院和参议院领导人，包括米奇·麦康奈尔和保罗·莱恩以及卡尔·罗夫，共同策划 2016 年共和党选举战略。与立法者讨论互联网改革的经验让我明白，谷歌、亚马逊和脸书在两党中都有很高的地位，无论谁入主白宫，它们的利益都会得到保护。

但偶尔，这些保护政策也不足以避免麻烦。自 2014 年以来，谷歌有两次在公众场合展示了自己运用其政治力量的方式。第一个是在联邦贸易委员会，该机构本应监管谷歌的广告和搜索业务。2015 年 3 月 24 日，《华尔街日报》披露了联邦贸易委员会竞争局的一份报告，建议起诉谷歌滥用其市场地位，谷歌总是推荐谷歌服务而不是第三方的服务。令人惊讶的是，委员会全体成员以一种非常不寻常的方式推翻了这个建议，决定不起诉谷歌。该杂志称，之前在白宫举行的 230 次会议影响了委员会。联邦贸易委员会还发布了一个经典的否认声明：

《华尔街日报》的文章《谷歌充分利用与白宫的密切关系》对联邦贸易委员会调查的完整性做出了一些误导性的推断和建议。文章认为，联邦贸易委员会官员与行

> 政部门官员或谷歌代表召开的一系列互不相干的会议，在某种程度上影响了委员会在2013年初做出的结束搜索调查的决定。

但正如大多数人——包括与谷歌竞争的众多服务平台——所知道的那样，联邦贸易委员会主张发起垄断调查的工作人员是对的。如Yelp首席执行官杰里米·斯托普尔曼在参议院反垄断小组委员会作证时所说："一年前，谷歌开始未经允许就获取我们的内容。尽管有公众和私人的抗议，谷歌还是发出了只有垄断者才能发出的最后通牒。为了能被人们搜索到，你必须允许我们使用你的内容来与你竞争。"因此，谷歌确实对自己的服务有优势，而且随着它向更多市场拓展，问题只会越来越多。最后的讽刺是，联邦贸易委员会不起诉谷歌的决定，在很大程度上受到罗伯特·博克（在他去世前不久）和格雷戈里·西达克为谷歌写的一篇文章的影响。博克和西达克说："事实是，消费者可以随时以零成本切换到替代搜索引擎，这限制了谷歌采取反竞争行为的能力和动机。"但正如许多研究者所指出的，人们对多种谷歌服务（Gmail、谷歌地图和谷歌日历）的使用基本上与谷歌捆绑在一起，并且转换的成本（时间和精力上）远比博克所建议的要高得多。

密西西比州总检察长吉姆·胡德于2014年10月传唤谷歌，以调查谷歌是否遵守了其在2011年与司法部达成的和解协议，即该公司是无意中从非法贸易中获利。谷歌已经支付了5亿美元的罚款，承认它已从其搜索服务上的非法广告中获利。几年前通过谷歌搜索提供的所有在线Oxycodone都已停止。胡德只是要求谷歌提供搜索日志来确定其是否将用户链接至非法网站，包括盗版电影、音乐和游戏领域的网站。

谷歌援引“安全港条款”表示，它受到联邦法律和第一项修正案的保护。该诉讼称，总检察长可能更喜欢预先过滤的互联网，但宪法和国会都否认了授予谷歌的权力。胡德迅速撤退，但明确表示：谷歌正在利用其雄厚的财力试图阻止密西西比州提出的一些问题。尽管如此，他说他会打电话给谷歌并尝试达成协议。毋庸置疑，当他打电话时，谷歌没有回应。没有达成任何协议，胡德便不再打扰谷歌。正如前任劳工部长罗伯特·赖克告诉我的那样：“我的感觉是，政治权力胜过任何意识形态，如消费者福利经济学，但通过意识形态可以帮助推销政治参与者所倡导的立场。当然，具有讽刺意味的是，谷歌根深蒂固的立场赋予了它巨大的政治权力，这是反对任何公司变得无比庞大并且在政商两界盘根错节的理由之一。”

3

数据挖掘、网络效应与谷歌时代

如果谷歌将所有内容都视为可以投放广告的商品，那么它真正的业务是什么？谷歌或脸书的真正价值在于数据挖掘。对于它们来说，马丁·斯科塞斯的短片和另一个宠物视频在艺术性上最大的区别仅在于可以给广告商展示的观看次数。因此，在广告业务方面，在干预监管之后，谷歌拥有了第二大优势。谷歌在线广告的主导地位已于 2014 年 11 月 12 日确立。正如《华尔街日报》报道的那样：

在谷歌的在线广告服务系统DFP停摆后，互联网上大量网站一个多小时没有广告。停摆导致包括BuzzFeed、《时代周刊》和《福布斯》在内的发布商运营网站通常展示广告的地方显示为空白。Dynatrace公司表示，周三的故障影响了超过55 000个网站，该网站监控北美10大零售商中的8家公司的网站和网络应用程序性能。

与其竞争对手相比，很明显，谷歌在在线广告中占据主导。因此，谷歌运行的不是一个竞价广告关键词市场，而是一个拍卖市场，除了由谷歌酌情设定的最低价格外，对买方来说没有任何透明度。

但现在谷歌正试图将其广告垄断扩展到电视行业。正如我之前指出的，谷歌在联邦通信委员会内有重要盟友，该委员会目前正在考虑如何迫使有线电视和卫星公司通过其所谓的AllVid技术向外部竞争对手开放机顶盒业务。谷歌可以在其电视搜索页面上为当地餐馆、汽车经销商和其他广告商提供有针对性的互动广告，这将比在当地电视台做广告有效得多。这样做完全扼杀了地方电视台的广告市场，而这个市场为大多数地方新闻节目提供资金。我们已经看到这类竞争性服务对报纸业务的影响。如果没有当地企业的广告来支持记者在市政厅的工作，许多地方新闻就不再能为人们所知。

布什政府国际通信和信息政策副协调员斯科特·克莱兰认为，谷歌在这一过程中发挥了作用：

> 最简单的情况下，联邦通信委员会 AllVid 提案所做的，是迫使受监管的付费电视行业在其专有付费电视产品中创建一个对谷歌友好的 IP 搜索界面 / 门户。这样一来，谷歌就可以在竞争对手的广告内容上叠加谷歌互联网广告，跳过竞争对手的广告，将竞争对手相对小得多的广告业务扼杀在摇篮里，并使竞争对手的付费内容资产因这个提案而贬值，从而实现免费索引，然后将竞争对手最宝贵的专有信息货币化。

对于一家完全主导互联网广告业务的公司来说，730 亿美元的电视广告市场是其继续保持股东期望的 20% 的年增长率的唯一希望。

2015 年,《卫报》的一篇文章称:“打个比方，如果谷歌是一个制造商，那么这种互联网搜索垄断是绝对不被允许的。”但罗伯特·博克的幽灵在我耳边低语:“为什么这会对社会有影响？危害在哪里?”《卫报》的同一篇文章说:“谷歌的主导地位会自我强化，也使其更加有用。更多的用户帮助谷歌完善数据，并使其产品更加准确，同时也更不可或缺。正如欧洲竞争专员玛格丽特·维斯塔格承认的那样，我们生活在谷歌时代。”因此，技术决定论的理念甚至已经深植于谷歌最坚定的监管对手的大脑中。这种自我强化支配地位的理论通常被称为网络效应或梅特卡夫定律——基于帕洛阿尔托研究中心的研究员鲍勃·梅特卡夫的公式，即网络的价值与用户数量的平方成正比。随着越来越多的人使用谷歌的搜索引擎，该公司的市值呈指数级增长。谷歌现在是不是已经形成了经济学家所说的自然垄断——一家公司，比如一家专注于公共事业的公司，能够以低于两家公司的价格供应整个市场对某项服务的需求。一般来说，公共事业是由政府监管的，这也是为了保护消费者。

为促进社会的持续发展，我们将不得不快速做出判断：谷歌、脸书和亚马逊是否形成了需要监管介入的自然垄断，或者我们是否要假装竞争和资本主义可以在数字时代和谐共存。它们今天之所以可以和谐共存，是因为关于数字创新的成本以及谁来承担这些成本的不同意见还没有被提出来。彼得·泰尔知道，竞争是他想要的资本主义的大忌，但华盛顿的监管者仍然生活在一个“完美市场”的幻想中。硅谷著名的反垄断律师之一加里·雷巴克认为，他们并没有这样做。雷巴克对《纽约时报》指出：“一旦这些公司中的一家获得了垄断地位，就很容易通过并购将垄断扩散到邻近的市场。你应该知道，反垄断执法者现在知道这一点。”是监管机构没有看到谷歌的垄断问题，还是它们认为谷歌的政治力量已经大到无法触碰？数字垄断可以是问题的一部分，也可以是解决方案的一部分。但我很怀疑，我们能否在继续生活于这种不受监管的垄断制度中的同时，还能毫不犹豫地相信谷歌“不作恶”的宣言。在这一点上，我们所处的经济环境是沿着谷歌、亚马逊和脸书的主导地位形成的。建议这些公司随机应变，就有可能给不久前陷入停摆的经济带来更多混乱。

4

Intertainer 的反垄断诉讼

1996 年夏天，我和两个朋友（理查德·巴斯金和杰里迈亚·切奇克）创建了第一批流媒体视频点播公司之一 Intertainer。我们从康卡斯特、索尼、英特尔、NBC 和微软等公司筹集了不少资金，并在 1998 年秋天为成千上万名宽带用户提供了服务。与 Napster 或 YouTube 不同，我们坚持应获得授权，我们从大多数主要电影公司争取了电影和电视节目的授权，并为此向它们支付了大量担保金。我创办这家公司是因为我在 CableLabs 上看到了一个早期宽带测试平台上的视频流演示。视频的质量并不完美，但你可以按需获得任何你想要的视频，而不是去当地的 Blockbuster 商店，这个想法似乎很有说服力。创建 Intertainer 的是一群非凡的创新者。他们发明了互动工具，这些工具今天已成为互联网视频广告系统的基础。很快，我们就在做一件以前从未做过的事情——在互联网上发送高质量的视频。2001 年 12 月在《商业 2.0》上发表的一篇关于 Intertainer 的文章，从我们现在的角度来看，几乎具有讽刺意味：

> 乔纳森·塔普林和两个朋友在 1996 年夏天制订的商业计划很高明。他们将公司命名为 Intertainer，承诺在自己家里就可以随时访问一个巨大的电子仓库，观看电影、纪录片和其他节目。点击几下"听塔普林说"，你就可以看《几近成名》或肯·伯恩斯的爵士乐系列电影，或最新的埃里克·克莱普顿的视频，或 *1975 World*

> *Series* 中的最后一场比赛。你想出去喝杯啤酒时，像用录像机一样暂停节目即可。
>
> 这个被称为视频点播（或 VOD）的基本想法已经酝酿多年，塔普林本人也是如此。他已经 40 多岁了，按互联网时代的创业标准，几乎到了耄耋之年，而且他与娱乐行业的一些机构有着可疑的密切联系。然而，当谈到自己的主张时，他没有向后辈们让步。事实上，如果你停下来想一想什么是家庭娱乐、什么是 VOD，你会发现其意义令人眩晕。像频道和节目时间表这样的东西最终可能会消失。一个完整的“看电视”的想法——打开电视机，看看有什么“节目”——可能会被认为是早期的一种奇特和邋遢的习惯。

但是，任何挺立潮头的人都知道将愿景变为现实绝非易事。2002 年初，当我们拥有大约 15 万名用户时，我们听到一个传言，说股东之一索尼公司正在悄悄地开发一种看起来和 Intertainer 一样的服务。当我向对方询问此事时，对方表示并不知情。然后在 2002 年夏天的一天，对方发布了这项名为 Movielink 的服务，这项服务由华纳兄弟、环球影业、米高梅和派拉蒙电影公司共同出资组建的合资企业拥有。此后不久，各大电影公司停止了对 Intertainer 的电影授权，该服务被迫关闭。我的心碎了，拒绝接受这个结果。

2002 年 9 月，Intertainer 向美国加州中区法院西区法庭提起反托拉斯诉讼，指控其大型娱乐公司美国在线时代华纳、维望迪环球和索尼及全资服务机构 Movielink，在数字娱乐分销领域合谋操纵价格并限制贸易。2006 年 3 月，被告与 Intertainer 达成了庭外和解。关于该解决方案，我只能说“令所有各方都满意”。当然，Intertainer也很满意，这就是为什么我相信执行良好的反垄断法可以真正帮助小人物与企业巨头竞争。Intertainer公司仍然存在，目前正从事其视频点播专利组合的授权业务。微软、康卡斯特、汤森路透、维亚康姆、探索频道和苹果等公司目前都是许可持有人。

在做了多年的音乐和电影制作人，并在企业界绕了一圈之后，我的目标是在技术和娱乐之间建立一个纽带。我知道，将世界上所有电影资源数字化，并将其与互联网上视频流质量的摩尔定律式改进结合起来，会催生一个更有效的视频分发系统。和我的投资者一样，我知道创建一个电影消费的平台是创新所在。

我们做到了，在这个过程中，我们从根本上改善了视频质量和后端系统，使用户能够（正如我们的第一个座右铭所指出的）在“任何时间、任何地点获得任何东西”。

最终，正如一位将电影授权给我们的公司高管所说，我们行业并不需要多加一个中间商。行业中规模较大的参与者，曾经与我们的一个投资者共事，在后来形成了一个卡特尔，让我们无法做生意。垄断压制了所有行业的创新，在娱乐业向数字化迁移的早期，我预见到了这种情况。如果我们在2010年做生意，我们会被收购，而不是被迫关闭。我很难运用反事实思维来设想我们目前的垄断环境，但我置身在这种垄断环境中。

第八章

社交媒体革命

隐私的社会规范已随时代进化

——马克·扎克伯格

1

脸书的野心

脸书互联实验室总监艾尔·马奎尔正给《快公司》记者演讲，他说："如果拿出手机，这个世界上只有10%的人无法上网，我们的使命就是让这10%的人能够上网。"他给出的方案是使用Aquila无人机，这是一种翼展为138英尺[㊀]（波音737翼展为113英尺）、重

㊀ 1英尺＝0.3048米。——编辑注

量仅为 880 磅[⊖]的超轻碳纤维无人机。采用合适的电池技术，这个无人机可以连续巡航三个月，从而为偏远的印度村落提供基础的互联网接入服务，脸书称之为自由基础。没人敢说马克·扎克伯格缺乏野心了。

现在，偏远村落的人也要进入“监控社会”，我们几十亿人从 2000 年就已身处其中。“谁会反对呢？”2015 年 12 月 28 日，扎克伯格在《印度时报》的一篇专栏上这样问道。然而后来，印度的确出现很多反对的声音。《经济学人》的一篇文章指出：“批评者指出，脸书的慷慨是为抢夺地盘打掩护。他们质疑自由基础实际上是一座带围墙的花园，里面只有脸书审核通过的内容。该项目搜集使用这项服务的用户产生的数据，侵犯了用户隐私，从根本上扭曲了市场环境。”当印度政府最终决定，不允许脸书通过提供有限的网站来“塑造用户的互联网体验”时，脸书董事会成员马克·安德森勃然大怒，他在推文中写道：“几十年来反殖民化给印度人带来了经济灾难，为何不马上停止？”随后，即便马克本人也被推特上来势汹汹的反对声浪震惊了，大部分抵制的声音来自硅谷的印度技术社区。他很不明智地揭露了一个之前未公开谈论的真相：脸书和谷歌是新的殖民力量。

争夺世界主导权的斗争正如火如荼。如果谷歌的拉里·佩奇还担心任何竞争对手的话，那这个竞争对手应该就是马克·扎克伯格了。虽然一开始脸书只是使网络社交可见并简化沟通，如今，正如谷歌做的，它变成了一桩监控营销生意。脸书和谷歌将用户给他们的数据出售给营销者。谷歌从用户的搜索历史中获取数据，脸书从用户在社交媒体的发帖中得到数据。脸书的生态系统规模惊人，包括 WhatsApp、Messager 和 Instagram。以用户数量为例，脸书有 16

⊖ 1 磅 = 0.453 592 27 千克。——编辑注

亿用户，WhatsApp 有 10 亿用户，Messager 有 9 亿用户，Instagram 有 4 亿用户。脸书控制着超过 75% 的美国移动社交媒体平台。在任何正常的反托拉斯法规下，这都会被视为垄断。与谷歌一样，脸书已将自己的业务描述为公共服务。“不作恶”“谁会反对呢”就是它们的宣言。但 2014 年在线身份管理网站 MyLife 的一项调查显示，82.9% 的受访者表示，他们不相信脸书会保护他们的个人数据。作为脸书用户，我认为它在很多方面都可称为很棒的通信工具。我觉得你也会发现，马克·扎克伯格，这位在 20 岁就创立了公司的年轻人正在成长，并意识到他正在运营世界上最大的社交网络且承担着巨大责任。

电影《社交网络》中描绘的那个愣头青，或许已因婚姻和父亲角色改变。拉里·佩奇、彼得·泰尔和杰夫·贝索斯三人均已有四五十岁。他们的自由派理念已经根深蒂固，但观察过去十年马克·扎克伯格的改变，可以看到一个男人和他的公司逐渐走向成熟的历程。我或许是个傻瓜——也许他并不是真正地相信，他的工作是要把 21 世纪带给那些尚未接触过互联网的人。但即便我是错的，这也是个了不起的宣传手段，这个连接 20 亿人的过程将迫使扎克伯格面对本书中提到的三个关键元素：个人隐私的重要程度、广告在媒介中的作用和通信行业的未来。

2

脸书诞生：扎克伯格、帕克和泰尔

一头卷发的哈佛大学大二学生马克·扎克伯格在 2003 年秋天为

一个叫 Facemash 的网站写了一个程序，很难想象他会成为未来《时代周刊》的年度人物。他满是雀斑的脸上有一双敏锐的眼睛，脑袋大得和纤瘦的身材不相称。大部分时间里他都穿着灰色的 T 恤、宽松的牛仔裤和阿迪达斯运动凉鞋。他把 Facemash 当作报复一个拒绝了他的女孩的手段，编写了一个给哈佛大学里的女生的“热辣度”打分的网站。通过使用用来比较计算机国际象棋棋手的程序代码，Facemash 为用户展现相同性别的两张脸，让用户对哪张脸更“热辣”进行选择。随后，将挑选出的胜者和新的对手匹配。在第一回合后，会出现一个随机挑选的农场动物。在典型的“无须许可”模式下，扎克伯格将所有照片从哈佛大学（宿舍）维护的“脸书”中删除。那些照片都是在开学第一天拍摄的经典风格的照片。在删除了农场动物后，扎克伯格发布了该网站，他在宿舍里，通过哈佛的内部网络，用自己的笔记本上传了这个程序。

在网站发布的头 7 个小时内，有 450 名学生访问了网站并对 22 000 组照片投票。直至追踪到扎克伯格的宿舍，计算机服务部才搞清楚学校网络慢下来的原因，他们关闭了他的网络访问。第二天早上，在对性别歧视、种族主义和普遍愚蠢的现象进行一番批判之后，扎克伯格出现在《哈佛深红报》的封面上，评论称他“正在迎合哈佛大学学生最糟糕的一面”。这可能是历史上寿命最短的网站，但我们要明白，除了青春期恶作剧的本质之外，扎克伯格可能比《哈佛深红报》的编辑更了解年轻人骨子里的自恋。在被哈佛大学留校察看后，他向女性团体公开道歉，并同意接受一位顾问的辅导。他和室友开了一瓶香槟庆祝学校对他从轻发落。不过创造一种立刻能风靡的事物的兴奋感占据了他的大脑，他想要更多。

几个月内，他开发出了脸书，这个平台从最初的哈佛独享版到现在已拥有15亿用户。脸书并不是第一个社交网站——Friendster（已有300多万用户）和MySpace是社交网络的先行者。但是，扎克伯格理解了三件事情，这些事帮助他闯过了让第一批先行者失败的难关，从而取得成功。首先是简洁的设计。脸书的整洁外观与MySpace混乱、无章可循的设计形成鲜明对比；MySpace当作优势的一个功能，即允许任何人精心设计自己的页面最后证明是一个错误；简洁也使得服务器很少出现负载问题，页面载入速度飞快，而Friendster通常需要一分钟或更长时间才能加载完成。扎克伯格知道，习惯了多任务处理的大学生们都处在多动症边缘，速度至关重要。

第二件事是，通过在精英大学的校园发布服务（在两个月内他就完成了在多数常春藤联盟学校的发布），他既可以迎合学生的一些虚荣心，又可以利用大学校园天生高密度的社交网络。自己的朋友在星期四晚上做了什么，校园里的人想要了解此事的欲望比其他任何地方都更强烈。此外，通过控制首次访问的规模，能够避免出现曾使Friendster崩溃的场景人，这就允许扎克伯格和他的室友（后来加入公司）不必花费数百万美元就能在服务器容量上就能达到一个临界规模。

最后，脸书团队抓住了该网站服务的内在效用。网站上线两周后，在《哈佛深红报》的一篇报道中，亚美莉亚·莱斯特写道："难怪是哈佛大学学生找到机会开发这么一个诱人的在线社交网站，脸书就是用来展现自己并向世界宣告'我很重要的'，而这恰恰是哈佛学生最擅长的。"但事实证明，这并不是哈佛的精英青年们的专属，人人都是如此。

2004年春末，当脸书的业务真正开始增长时，扎克伯格和他的左右手达斯汀·莫斯科维茨决定前往硅谷度假。他们5月份在纽约的一家中餐馆见了肖恩·帕克，被他讲的Napster“传奇”惊呆了。扎克伯格在埃克塞特读高中时曾写过一个音乐推荐引擎，因此Napster在他离经叛道的认知里赫赫有名。当马克和达斯汀6月份到达帕洛阿尔托时，他们遇到了帕克，他基本上处于无家可归状态，被他的新公司Plaxo（该公司提供在线地址簿应用程序）扫地出门。马克出于天真的信任，邀请帕克住在自己和莫斯科维茨租来的房间里。

帕克答应教他们怎样和沙丘路——被称为硅谷风险投资一条街——的投资人玩融资游戏。在这个角色里，帕克做了两件重要的事情。首先，他让马克聚焦于脸书，尽管这个年轻的程序员花了很长时间编写另一个名为Wirehog的程序，基本上就是Napster的扎克伯格版本。帕克告诉他来自内容社区的诉讼会带来麻烦。脸书的天才设计在于，由用户提供所有内容，脸书没有必要像Facemash那样盗用图片，或像Napster那样窃取音乐文件。帕克所做的第二件事就是将扎克伯格介绍给彼得·泰尔。

彼得·泰尔几乎一下子就意识到了脸书的潜力。正如大卫·柯克帕特里克在《脸书效应：连接世界的公司内幕》（*The Facebook Effect: The Inside Story of the Company That is Connecting the World*）中提到的：“给泰尔印象最深的莫过于脸书在一个新学校发布时的场景，典型的情况是，几天内它就风靡了几乎所有学生团体，超过80%的用户每天都会浏览网站。”这是前所未有的，泰尔知道脸书契合他互联网财富创造的四项基本原则。它拥有可扩展网络效应的专有技术，并且拥有良好的品牌声誉。肖恩·帕克让马克从名字中删除“The”来巩固品牌认知度，它现在只是Facebook。泰尔立即给公司提供了500 000美元的贷款，可转换为10%的股票。他把这些钱作为贷款，是因为扎克伯格需要处理和哈佛学生的很多纠纷，那些学生声称他窃取了他们的想法。

3

展现“可能自我”与隐私保护的矛盾

在继续扎克伯格的故事之前，我想暂停下来，思考一下为什么他的发明给通信世界带来如此深刻的转变。脸书正在改变隐私的标准、玩笑的意义并让人们思考成为“人类产品”意味着什么。正如有句话说的，如果你不付钱，你就不是客户，而是产品。或许扎克伯格最大的洞察在于，人们被“点赞”的渴望如此强烈，使得他们愿意免费为网站创造所有内容。《纽约时报》指出，2014年，脸书的12.3亿普通用户平均每天登录17分钟。汇总一下就知道，在一天内人们共花费39 757年的时间在脸书上，这几乎是每年进行1500万年的无偿劳动。

需要提出的第一个问题是，为什么我们愿意免费将我们的时间和个人数据交给一个利润巨大的垄断平台？为了理解这一点，丹尼尔·亨特带领康涅狄格大学的研究人员展开研究，试图解释为什么人们会在脸书上花费这么多时间。“读写”博客将该研究总结如下：

> 研究人员早就知道有五大类可以促使人们上网的活动：信息搜索、人际交往、自我表达、打发时间和娱乐。在亨特的研究中，目的是找出是否因为这5个因素促使人们把时间都花在脸书上。该研究证实，除了信息搜索，所有其他几类活动因素都适用于脸书，而娱乐和打发时间是两个最大的推动因素。

他们的研究真正发现的是，尽管最初人们注册脸书是为了人际沟通，但很快就用它来对抗无聊。但打发无聊的时间不是唯一的原因，因为年轻人有很多娱乐选择。脸书和其他社交网络的区别在于它对自我表达的积极意义，因为人们需要向同伴展示自己的高光时刻。1987年，心理学家黑泽尔·马库斯和宝拉·努里乌斯指出，一个人有两个自我，即“当下自我”和“可能自我”。脸书让一个人通过最好看的自拍、最酷的派对照片和可能存在或不存在的理想的生活来展现期望中的“可能自我”。

但自我展现未必总是自愿的。在《天罗地网：在无情监视下的世界寻求隐私、安全和自由》（*Dragnet Nation: A Quest for Privacy, Security, and Freedom in a World of Relentless Surveillance*）一书中，朱莉亚·安格温讲了波比·邓肯的故事：

> 奥斯汀德克萨斯大学22岁的女生波比·邓肯试图向她的家人隐瞒自己的一个隐私。但是当校园合唱团的领队把她加到合唱团的脸书群里时，脸书在无意中暴露了她的秘密。波比不知道朋友可以在未经她同意的情况下

把她拉到一个群里，然后脸书会向她所有的朋友发送一个通知（包括他的父亲）——宣布她的加入。

她的父亲大为震惊，这也解释了为什么她要隐瞒这个隐私。她无法对家人保密的部分原因在于，扎克伯格和他的脸书团队秉承一种“彻底透明”的理念——服务的主要目标是开放，用户只能使用实名。但是很多人，包括波比·邓肯对此并不接受。扎克伯格对柯克帕特里克说：“要达到更开放的目标是一个很大的挑战，但是我想我们能做到。你分享得越多，世界会更好，这个概念对很多人来讲仍然是陌生的，而且总是会遇到人们对隐私的担忧。”

2007 年脸书开发的一款名叫 Beacon 的应用上线，这种对“隐私问题”的蔑视第一次浮出水面。这个应用实际上是一个警报系统，它会告诉你的朋友你在某购物网站上购买了什么东西。这是一个“显式退出”系统，每次你不想让网站告诉你的朋友时，你必须主动告诉脸书停止扩散这一信息。从一开始这就是一场灾难，但扎克伯格自信他比用户知道得更多，以至于当公关灾难升级几周后仍拒绝关闭该功能。最终，他退让了，并在他的博客上发表了一篇“罪己诏”说：“在设计这个功能时，我们犯了很多错，在如何处理错误上，我们做了更多努力。”尽管扎克伯格已有悔意并在对 Beacon 的集体诉讼案中缴纳了 950 万美元的罚金，但和他合作过的许多人还是觉得他并没有真正理解隐私。脸书的主要程序员之一查理·奇弗告诉柯克帕特里克：“我觉得马克不太相信隐私，或者相信隐私只是（彻底透明理念的）一块垫脚石。”

2014 年初，《华尔街日报》报道脸书曾对近 70 万名用户做了大规模的社会科学实验，隐私问题再次被关注。

> 为了确定脸书能否影响用户的情绪，并暗示他们发表更多正面或负面的内容，脸书的数据科学家启用了一个算法，在为期一周的时间内，对689 003名用户观看的新闻进行聚合，并自动省略那些包含正面或负面情绪的关键词。

实验非常“成功”，结果表明操纵用户的情绪相对容易，但这个实验受到了博客圈子的强烈抵制：“我们许多人的担心已经成为现实，我们成了脸书的实验小白鼠，不只是为了找到我们会对哪些内容有所反应，而是想要真正操纵我们的情绪”，AnimalNewYork.com的苏菲·维纳写到。

2016年5月，脸书的董事会成员彼得·泰尔陷入了一场关于隐私问题的争论中，他被曝光资助了浩克·霍根对在线新闻网站Gawker提起的诉讼，因为后者在网上发布的录像带侵犯了霍根的隐私权。泰尔要摧毁Gawker。2007年，Gawker的一个出版物《硅谷闲话》报道了泰尔的隐私。那次事件以后，泰尔曾说“《硅谷闲话》就是硅谷的基地组织”。九年以后，他以牙还牙，告诉《纽约时报》：“我看到Gawker率先采用了一种独特的难以置信的破坏性手段，通过霸凌他人来吸引眼球，即便那些内容与公众利益没有关系。”这一公开批判很快就暴露了硅谷和媒体之间的战线。马克·扎克伯格曾公开表态称隐私概念也在不断演进，而他的董事彼得·泰尔则在背后支持。但在Gawker这件事上，泰尔重申了他的隐私权，尽管整个硅谷都知道他的这个隐私。讽刺的是，为《硅谷闲话》撰写作品的作家欧文·托马斯以下面的声明结束了自己的观点:“这就是为什么以下说法至关重要:彼得·泰尔,世界上最聪明的风险投资家,他的隐私使他更强大。”

在泰尔承认秘密资助对Gawker的诉讼之后,他在脸书的伙伴马克·安德森也加入辩论阵营,他在推特上写道:“绿色和平组织和塞拉俱乐部以及其他许多组织也经常资助一些诉讼。”但安德森没有提到其他人这样做是公开的,而不是秘密的。另一位风险投资家维诺德·科斯拉在推特上表示支持,回帖说:“新闻界受到挑战时总是盛气凌人。”唐纳德·特朗普(泰尔是特朗普方代表)的支持者在推特上纷纷声援泰尔,他们使用了“ThankyouPeter”这个标签。

特朗普在保守派网站布赖特巴特新闻网的主要支持者米罗·雅诺波鲁斯写道:“PayPal创始人、自由派的彼得·泰尔认为自己从某种意义上说是蝙蝠侠,是那种硅谷需要的英雄。”但硅谷的公关专家杰森·曼德尔强调了自由主义信仰和新闻自由之间的基本矛盾。曼德尔说:“像彼得·泰尔这样的人,只习惯于告诉工程师‘这个坏了,修好它’……他们不了解新闻界和公众之间独特的动态关系,他们不理解与媒体休戚相关的宪法第一项修正案和言论自由条款。”

当然,泰尔支持的候选人唐纳德·特朗普威胁要撤销对媒体组织的诽谤保护,这事儿要暂停一下了。2016年2月,在一次集会上特朗普说:“如果我赢了,我将会放开我们的诽谤法,这样当他们刻意发表负面文章来造谣时,他们将被起诉,等待他们的是巨额罚款。”尼古拉斯·雷曼知道这样做的代价,在2016年5月,他在《纽约客》上写道:“请别忘了,泰尔毕业于斯坦福法学院,在第十一巡回法庭任职一年,因此,在他的世界里,‘规模’和‘颠覆’

是每一项投资最终的归宿。他当然了解，这个案子有可能导致公众重新审视美国新闻法中的基本问题，意义远超 Gawker 的命运。”

当前，我们对隐私的定义似乎是我们用来与企业交易以换取创新的一种货币。但是公司对我们个人化的数据永无厌足，让我们只要醒着，就想消费。这是最关键的，因为在一定程度上，社交网络是让我们保持一致性的极其强大的引擎。学生形成自己的理念、身份认同和政治立场的能力，应该发生在脸书所打造的全景空间之外，无论这种情形是否存在，这都是一个值得考虑的问题。记忆里，在 15 到 21 岁我的政治观念和文化角色形成时，很庆幸我跳出了父母、我家乡克利夫兰的保守同乡，甚至我的兄弟姐妹们所圈定的范围。如果我们一直在脸书上互动，我无法保证会形成属于自己的世界观。

4
棱镜计划

可能隐私已经变成了毫无希望的过时概念，扎克伯格的信条“隐私不再是社会规范”已经赢得了胜利。但放弃我们的隐私，并将其作为个人从一家公司换取我们认为必要的服务的代价是一回事，向联邦政府公开我们的个人生活是另一回事。

扎克伯格“隐私终结”的信条是否影响了他和政府监管机构之间的关系？ 2013 年 6 月，《卫报》撰稿人格伦·格林沃尔德透露，

2009 年脸书与谷歌和苹果（以及其他四家互联网服务提供商）一起，准许国家安全局直接访问其全球网络运行程序，如图 8-1 所示。

凯文·卡希尔在英国出版物《计算机周刊》上写道：“21 世纪初，美国国家安全局已经明确了出现大规模监视的可能性，因为美国九大互联网提供商已覆盖这个星球上超过一半的互联网用户。互联网巨头们正在攻城略地，这是位于马里兰州米德堡的国家安全局总部的人们做梦也想不到的。因此，当国家安全局介入时，超过九家公司被迫交出了客户的数据。这曾经是现在也是人类历史上最大的黑客行为。”

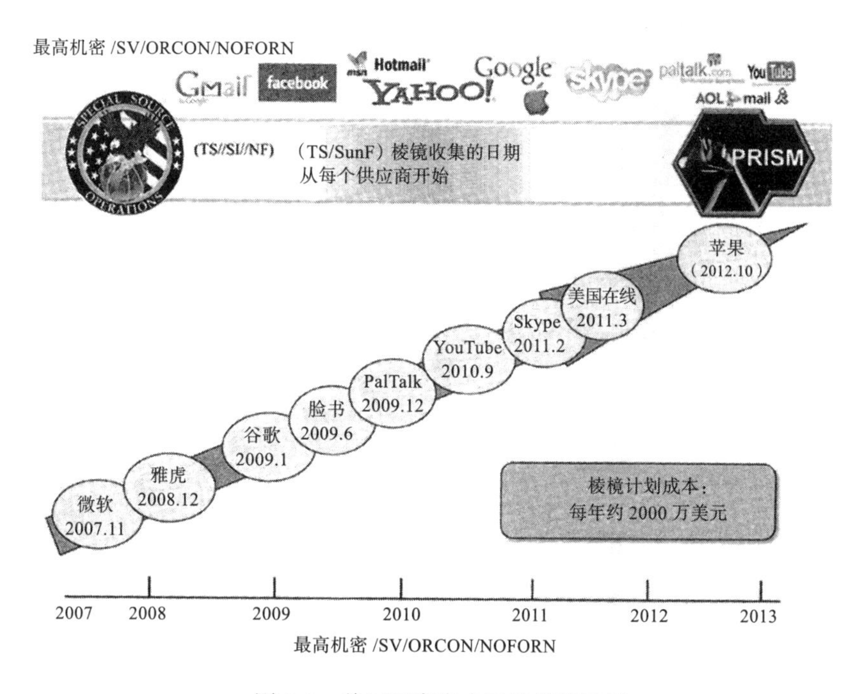

图 8-1　美国国家安全局的棱镜计划

从数字营销转向谍报搜集是何时开始的？在格林沃尔德基于爱德华·斯诺登爆料的文章出炉时，扎克伯格响应说政府在保护个人隐私上做了“坏事”，“坦白说我觉得政府搞砸了”，他说。但他又曾为保护用户数据做过多少努力？而且，脸书在对自己客户的数据进行商业化抽取的时候，他是否保护了用户隐私呢？这似乎也是为什么在 2016 年 2 月，当苹果公司选择抵制美国联邦调查局要在 iPhone6 上增加一个可以破解加密的后门的要求时，脸书和谷歌并未给予多少支持。就像推特上的一个段子说的：“为什么 Ooogle、2Facedbook 和 MicroSuck 没请库克回来？是因为商业模式：谍报和出卖数据！苹果是卖手机的。”

5

计算广告：争夺数据资源的新战场

要回答为什么脸书会“窃取和售卖数据”这个问题，就必须理解为什么它需要你的全部数据。答案很简单：脸书的商业模式依赖于它比大多数互联同行能更快速地把广告卖出去。也是在这个方面，脸书和谷歌间出现了竞争：哪家公司能够积累更多的数据，哪家就可以高价销售精准定位的广告。目前（2017 年），脸书似乎领先。在谷歌广告费率下降的那段时间，脸书宣布在 2015 年第四季度“单个广告均价增长了 21%，而广告总展示次数年同比增长了 29%”。它们获此优势的原因在于能对用户进行精准定位。如果我想找“邮政编码为 37206，25 ～ 30 岁，喜欢乡村音乐和波旁威士忌的女性”，脸书就能帮我找到。此外，脸书可以经常让这些女性的朋友给目标消费者发一些“头条推广”，这样看起来不像广告。正如扎克伯格在介绍脸书广告时说的那样：“没有什么比来自信任的朋友的推荐更有影响力了，这就是广告的天花板。”基本上，脸书已经建立了一个有20亿消费者画像的庞大数据库。广告业最受尊敬的分析师之一鲍勃·加菲尔德这样解释：

> 从理论上讲，这应该对营销人员有益，并且可以说对消费者有些帮助，尽管生活有种被阴影笼罩的毛骨悚然感。它还为政府或险恶的“数据大盗”提供了大量数据。数字监控营销、国家安全和有组织的离岸犯罪三者交叉叠加的场景，令奥威尔、凯斯特勒、卡夫卡、赫胥黎和索尔仁尼琴都无法想象出来。

鲍勃是美国国家公共广播电台“On the Media”节目的联合主持人，同时是《广告时代》的专栏作家，从来不会拐弯抹角，常常言之有物。当谷歌和脸书的公关人员捍卫他们的隐私政策时，他们总说所有数据都被“匿名”，但鲍勃对此做了回应，他无疑是对的：

> 从当前的发展趋势来看，除了立法、监管或司法干预外，数据库将呈指数级增长，对数据库的利用将愈加精确。数据分析在名义上是匿名的，因为没有哪个营销人员对被监视和定位的目标用户姓甚名谁感兴趣，他们仅仅关心这个用户的支票账户。也就是说，通过覆盖在

线活动、地理位置、购买行为等数据库，他们对你 IP 地址的了解远远超过你妻子对你的了解。

互联网上的定向广告问题已经不限于脸书和谷歌，尽管它们是两个主要玩家。摩根士丹利的分析师布莱恩·诺瓦克表示，2016 年第一季度，在线广告所赚取的每一美元收入中有 85 美分进了谷歌或脸书的口袋。因此，无论是音乐家、电影制片人、记者还是摄影师，所有内容提供者若想吸引用户，都不得不与谷歌或脸书打交道。

对于内容提供者而言，计算广告在争夺数据资源的斗争中开辟了新的战场。毋庸置疑，你可能想知道为什么自己会被某些广告商盯住，无论你使用哪个网站都是如此。假设你打算去拉斯维加斯，于是登录一家网站查看拉斯维加斯酒店的价格，但并没有下单。现在你的计算机上有了一个拉斯维加斯的 cookie，你再次登录时，随着一个广告加载到你的网页浏览器中，有关其所在页面的信息以及你的 cookie 就会被传到广告交易平台，交易平台会将这些信息实时发送给愿意为它支付最高价格的拉斯维加斯的广告商，几乎同时，中标者的广告立即加载到你正在浏览的网页上，这个过程只需几毫秒。这就是计算广告，这个系统现在已经主导了互联网广告业，但它有两个问题。

首先，它不利于分发高质量的内容，因为广告主对网站的内容不感兴趣，它感兴趣的仅仅是精准定位，这样看，《纽约时报》网站 NYTimes.com 和旅游网站没有区别。《纽约时报》在其内容上花费了数百万美元，期望基于高品位给广告提供更多附加值，从而获得优渥的广告费。但计算广告摧毁了整个价值命题。

广告商和内容所有者面对的第二个问题是欺诈，广告从业者对此讳莫如深。2015 年《彭博商业周刊》的一篇文章盯住了这个问题：

> 越来越常见的情况是，数字广告的观众并不是人。在去年一项与全国广告商协会合作的研究中，对数十亿数字广告嵌入代码，以确定观看这些广告的是人还是物。结果显示，11% 的平面广告和近四分之一的视频广告都是被软件“观看”的。基于此，从事该研究的安全公司 White Ops 将其命名为“机器人基准线：数字广告中的欺诈”，这些虚假流量将使广告商损失 63 亿美元。

怎么可能有品牌愿意花 63 亿美元对机器人做广告？第一个原因是，目前的“广告技术”业务就像淘金热时期的狂野西部一样充斥着许多骗子。但这一切都将改变。在 2015 年 2 月的一次会议上，投资银行 LUMA Partners 的首席执行官特里·卡瓦贾指出，市场上的 2000 多家广告技术公司中，只有 150 家可能存活下来。Digiday 给他的演讲定了一个充满悲观色彩的主题——广告技术行业迎来了冬天。公司兼并的受益者将是谷歌及其广告技术子公司 DoubleClick，谷歌已经占据广告业务的巨大份额，并将在经济寒冬到来时并购小玩家。

我认为立法者、监管机构和诉讼律师最终（也许很快）会将锤子落下。此外，随着世界进入移动互联时代，那是一个 cookie 更自由的环境，跟踪更加困难。我认为数字广告技术就是它自己最大的敌人。机器人程序中潜在的欺诈行为、程序化的购买方式和拦截广告的行为正在给营销商造成数十亿美元的损失，并削弱了广告直达真实人类的能力，这意味着代表威胁的数字化营销系统本身就处于对自己发展不利的轨道上，可能走向崩溃。

鲍勃对广告拦截的警告看起来很有先见之明，数字营销顾问土恩推测，到2017年第三季度，80%的智能手机用户会使用广告拦截软件。苹果公司在广告拦截战中是谷歌和脸书的对手，因为苹果几乎没有广告收入。苹果公司在iPhone和iPad上支持许多广告拦截应用，这使得谷歌乃至所有程序化广告从业者都大为震惊。如果程序化广告的世界真的崩塌了，那会很糟糕。但对于像《纽约时报》这样的提供高质量内容的媒体来说，则是一个福音。多年来，在优质内容环境中的广告费用应该更高的想法，对《纽约时报》的出版商以及像康泰纳仕集团这样的公司来说是有利的。程序化广告破坏了这种关系，因此它的消亡可能使这种关系恢复正常。但即使这是真的，高质量的出版物也越来越依赖脸书来吸引读者。BuzzFeed和《赫芬顿邮报》等在线新闻媒体近70%的入站流量来自脸书，而作为Bloomberg Media的首席执行官，贾斯汀·史密斯写道："依靠脸书获取一半甚至三分之二流量的新闻媒体比已知的要多很多。"

6
为流量生产新闻内容

脸书是否真的可以决定新闻业的未来？在由脸书导流的BuzzFeed和《赫芬顿邮报》的世界里，答案似乎显而易见，脸书的制胜之道就是以更低的价格生产更多的内容。Digiday 网站考察了一些人称之为峰值流量的排名后发现，2010 年，《纽约时报》的新闻编辑室约有 1100 人，每天产生约 350 条原创内容，吸引共计约 1740 万的浏览量。相比之下，拥有 532 名员工的《赫芬顿邮报》每天发布约 1200 条内容（大部分内容由第三方网站提供）、400 条博客（大多数免费），每天的页面浏览量可达到 4340 万。人们可以想象原创性内容面临着怎样的威胁。

所有发布的内容都可能吸引受众，但正如爱德曼公关公司的首席内容官史蒂夫·鲁贝尔所指出的那样："我们认为，越来越多的内容只有发布在网络平台上才能被人们看到。时间、注意力和资本都在流向网络平台。"而且占主导的两个平台是脸书和谷歌，苹果则正在努力进入这个领域。因此，高曝光度才能带来盈利。这引出了我之前提出的问题：脸书会成为一个"寻租人"，向出版商提供 16 亿会员的访问权吗？但也许更大的问题是，由脸书这样的网络平台推动的对内容输出数量的强调是让我们了解了更多还是更少？标题党是否会使我们的文化变得粗糙，或者为人们似乎无穷无尽的无聊时间提供更多娱乐？

借助来自脸书的数据分析来判断哪篇文章最受欢迎，会将新闻编辑室变成血汗工厂，文章数量是衡量工作绩效和工资的标准，等等。在我看来，就我们媒体行业的未来而言，这是一个相当令人沮丧的愿景，扎克伯格必须考虑到这一点。推特的创始人之一埃文·威廉姆斯正在经营在线写作平台 Medium，他告诉《卫报》他很担心这些"反馈环"：

> 如果你查看点赞和转发等反馈环，你会发现它们是经过精心设计的，以最大限度地提高某种行为的发生概率。但是，如果我们根据打分系统奖励人们，一秒钟就能读完的页面视图与那些呈现较高价值或可改变想法的东西的页面几乎没有区别，就像你的工作是为人们提供食物，你却在测量什么食物的卡路里最高。所以你学到的是，垃圾食品比健康的营养食品更好。

如果我们处于内容高峰期——阅读、观看和收听的内容过剩且完全不可持续——那么扎克伯格将不得不重新思考他的模式。2016年8月，脸书宣布改变其新闻源算法，试图减少点击那些“标题党”式的内容的诱导。这将如何影响依赖脸书流量的高质量新闻机构，还有待观察。

目前，扎克伯格的答案似乎是对新闻内容的发布进行更多控制。2015年3月，脸书与《纽约时报》《国家地理》和BuzzFeed等新闻机构合作，让它们直接在脸书上发布内容，而不是将读者链接到新闻公司的网站。表面上的原因是，这样一来，新闻在移动设备上的加载速度更快，许多新闻机构发现这是一个有吸引力的提议。尤其是对于像BuzzFeed这样的网站来说，它在自己的网站上没有发布太多的广告，而是编造了一些故事，这些故事本质上是伪装成内容的广告（在行业中称为原生广告），人们可以看到将这些故事发布在脸书上的优势。但是对于像《纽约时报》这样发布实时新闻的机构来说，这笔交易充满了危险。威尔·奥勒莫斯在Slate[㊀]网站上解释了这一困境：

㊀ *Slate*是一本在线杂志，内容涵盖美国的时事、政治和文化等内容。——译者注

> 新闻机构并非没有自己的判断，它们知道将它们对内容的控制权，以及它们与读者和广告商的关系让给脸书没有好处。因此，如果新闻机构能团结起来作为一个整体，共同对脸书做些什么，毫无疑问，它们就要考虑长期的成本付出……但是新闻网站并没有作为一个整体在行动。相反，它们将彼此视为竞争对手，争夺同一批用户和广告商。脸书已经明确表示，那些在早期加入的新闻机构将看到它们在脸书上的影响力快速增长。如果这被证明是真的，其他机构就会争相效仿，即使它们的回报肉眼可见地在减少。与此同时，由于脸书的算法逐渐降低了链接到第三方网站的帖子的等级，那些拒不加入的机构将发现它们的脸书用户逐渐减少甚至完全消失。最终，链接可能会在脸书的新闻源中变得毫无用处。

在这里，我们可以清楚地看到垄断的力量。面对这一现实，《泰晤士报》还有什么选择？哥伦比亚新闻学院的艾米丽·贝尔在一篇题为《脸书正在吞噬世界》的文章中写道："可以想象，我们会看到新闻机构彻底放弃产能、科技能力，甚至广告部门，并将其全部委托给第三方平台（如脸书）来维持运营。"我希望脸书年轻的首席执行官愿意停下来想想他的公司将会把媒体行业带向何处。显然，大多数出版机构已经开始接受脸书是它们用户流量生态的一个关键部分，但是如果它们放弃为自己网站建立用户生态的尝试，而是成为脸书的供稿者，他们可能会发现自己放弃了最重要的商业原则。正如加州大学经济学家布莱德福德·德隆在一系列推文中向我们解释的那样，信息产品的资本化经常导致严重错误：

> 这是硅谷的一个标准说法：如果你不付钱，你就不是客户，而是产品。在资本主义经济体系下，卖家有很强的动机去满足客户的需求——他们要留住客户。但是在这里，客户不是观众，客户是广告商，他们关心的是观众是否观看，而不是观众是否有足够的信息。

这对我来说是个问题，因为在过去的12年里，我一直在南加州大学教授传播学和新闻学课程。我们正在为《洛杉矶时报》和美国有线电视新闻网等新闻机构培育新一代记者——这些工作可能在他们毕业时就不存在了。劳工统计局表示，全国1375份日报的编辑部的就业人数可能低于28 000人，还不到1990年峰值的一半。我们不是教他们如何写尖刻的推文来吸引粉丝，而是教他们如何进行采访、写一篇导语或拍一个短片。正如莱昂·维塞尔泰尔曾经写道的："随着表达频率的增加，表达的力量也会减弱。"正如奥巴马在一次演讲中指出的："从现在开始的十年、二十年甚至五十年后，没有人会去搜索那些转发次数最多的推文。"我们当然不想让我们的学生只能写推广内容，就像雅各布·西尔弗曼所描述的那种：

> 推广内容也被称为原生广告，因为它借用了传统广告的外观、认知度，甚至是其主办刊物的工作人员，它可以向毫无戒心的观众推送品牌信息。忘掉老式的横幅广告吧，那些被人们最为唾弃的早期互联网艺术品。这就是垂直整合的、几乎不被承认的内容营销，它是用来解决新闻业的现金流问题的。"你需要在佛罗里达州西南

部度假的15个原因”，这是最近在BuzzFeed上发布的一个标题。这只是在拥挤的主页上加了一张迫切需要关注的列表，除了有一个黄色的小侧边栏外，它还偷偷摸摸地宣布：由迈尔斯堡和萨尼贝尔海滩推广。

如果大多数新闻机构变成了Gawker或BuzzFeed，我们的学生可能会找到工作，但可能只是一些计件新闻工作，他们完全有能力胜任。但是，他们会乐意在《大西洋月刊》上写一篇由毫无关联的组织或机构赞助的文章吗？用像杰夫·贾维斯这样的技术胜利者的话来说，新闻贬值变得更加可怕，杰夫·贾维斯是一名教授和媒体专家。贾维斯认为，任何事情都是新闻，包括你在你的智能手机上宣布“这里有一个非常好的墨西哥卷饼店”。嗯，也许吧，但那是20万学新闻的学生的谋生之道吗？电脑可以做到这一点，就像路透社的电脑会将大多数金融新闻转化为新闻报道一样。

7

媒体过滤器与矛盾的扎克伯格

我曾说过，马克·扎克伯格是这个故事中最复杂的人物，充满了矛盾。与佩奇和泰尔树立的榜样相反，他一开始就将自己的大部分财富捐了出去。在一封给他女儿的公开信中，他和妻子陈慧娴宣布他们将捐出99%的脸书股份，他写道：“技术本身无法解决问题。建设一个更美好的世界始于建设一个强大而健康的社区。”这表明扎克伯格和他的妻子并不像佩奇和泰尔那样是技术决定论者。如果脸书成为我主要的新闻来源，有能力过滤我所看到的，那么市民广场将不复存在。如果我取消对福克斯新闻和保守派评论员大卫·布鲁克斯的关注，以不断巩固我的世界观，那么维护知情权这一想法将会消亡。2016 年的总统竞选让脸书的政治权力成为焦点。《纽约时报》的专栏作家法尔哈德·曼朱写道："在技术人员中，人们普遍担心脸书和推特加速了新闻业的衰落并使虚假新闻大行其道。社交网络似乎也促成了特朗普的竞选活动中所特有的那种嘲弄、种族主义和厌恶女性行为的抬头。"脸书页面和谷歌广告账号的关键组合使得从蒙大拿州到马其顿的假新闻供应商可以通过它们的假新闻帖子赚钱。但马克·扎克伯格甚至拒绝承认脸书作为媒体过滤器的强大作用，他断言，相信脸书对选举结果有影响的判断是"纯属疯狂"的。但铁证如山，他很快就收回了这一说法，他说："我们不想让自己成为真理的仲裁者。"这在我看来是在逃避。如果扎克伯格真的想建立"强大而健康的社区"，他必须尽快正视这个问题。

要做到这一点，就要摆脱自由派的影响，自由派中的许多人是他的导师，看起来与他自己有着截然不同的优先取舍。在 2013 年夏天有关肖恩·帕克婚礼的消息传出后，他一定意识到了这一点。帕克花 1000 万美元在森林中建造了一个以"指环王"为主题的场景，却没有努力尝试去获得任何许可。正如《大西洋月刊》所评论的那样："没有什么比把推土机开进古老的森林，建造一个假的废墟城堡更能表达'我爱地球'的了。"正如帕克自己所抱怨的那样，有关他的婚礼仪式的新闻报道释放了"一群来自互联网各个角落的互联网巨头、生态热心人士和其他愤怒的民间人士"，导致"一股粗俗的侮辱之风充斥着我们的电子邮件和脸书页面”。后来，他向加州海岸委员会支付了 220 万美元的罚款。其中最讽刺的是，他在脸书上被骂得太厉害了。他写道：“仿佛是某种因果报应，我毕生致力于建立的媒体常常成为公众对我的性格和声誉展开攻击的武器。”

第九章

互联网盗版

“我非盗版，我乃创新”

——金·多特康姆

1

金·多特康姆与盗版的互联星空

2012 年 1 月 20 日的凌晨 5 点过后，在新西兰，一辆顶配梅赛德斯–奔驰 S 级大轿车驶入多特康姆大厦的大门，大门上是镀铬的亮闪闪工业园字母标牌。汽车后座上坐着金·多特康姆本人——世界上恶名昭著的盗版者。正如查尔斯·格雷博在他那期史诗级的《连线》专访中描述的那样，金三百磅㊀的身躯上套着一件松松垮

㊀ 1 磅 = 0.453 592 37 千克（公斤），三百磅换算成公斤，约为 136 公斤。——编辑注

垮的黑色帽衫，巨大的颧骨从蓝色墨镜下突出来，他的头发几乎就是一团乱麻，短粗的手指在推特上滑来滑去，试图找到关于自己最近推文的留言。过去的7小时，他在录音棚录自己的说唱专辑。他自己掏钱购买了黑眼豆豆合唱团制作人Printz Board[㊀]的服务，虽然Printz不会对该专辑给予异乎寻常的关注，但金压根不在乎，他控制着世界上最大的盗版音乐共享网站——互联星空（Megaupload），这个网站声称有18亿注册用户。他不知道的是，在世界的另一头，联邦调查局正准备彻查该领域并关闭网站。金上床不久，就听到警用直升机螺旋桨降落在他车道的声音，崩起的碎石溅到了他的窗户玻璃上。

遇到金·多特康姆意味着自由主义理念碰到了劫数，到了自己的逻辑终点。金看起来可能有些极端，但他代表了互联网出现问题的那一部分。蒂姆·伯纳斯－李——万维网的发明者，在分布式网络峰会上说："互联网曾经很伟大，但是网上间谍行为、屏蔽网站、窃取他人内容、链接至错误的网址等，这些完全违背了互联网帮助人们守正创新的精神。"

金·多特康姆做的正是"窃取他人内容"，他坐享全部利润而别人一无所有。他同时极度自我膨胀，从监狱中保释出来后，他录了一首歌，名为《总统先生》。金饶舌唱道："互联网战争已打响，好莱坞控制着政治，政府正杀死创新。别让他们跑掉了，我有一个梦想，正如马丁·路德·金。"这首歌继续唱道："你怎么看言论自由，总统先生？怎样对待改变，总统先生？你有在为第五修正案辩护吗，

㊀ Printz Board是一位获得格莱美奖的美国音乐家、录制艺术家、制作人和作曲家，曾与The Black Eyed Peas、DJ Mustard、CeeLo Green、Mark Ronson合作过。——译者注

总统先生？”

正如谷歌及其盟友对著作权的态度，金故意混淆了言论自由与免费电影和音乐的边界。他那套自由主义的说辞可能源于彼得·泰尔或者肖恩·帕克。但是金无法拥有肖恩·帕克的风格，所以他不太可能成为新免费音乐运动的领导者。他花了 30 年才到达那个位置，互联网一直是他获得财富的敲门砖——无论是挣来的还是诈骗来的。在互联星空这个产品上，他遵循了彼得·泰尔的原则，即构建一种具备网络效应且可高度扩展的专有技术并打造一个响亮品牌。但在他挖到价值 1.75 亿美元的互联星空这个“金矿”之前，他也曾多次触犯法律。

20 世纪 90 年代初，少年的金厌倦了他在德国的校园生活，开始入侵 PBX 交换机——大多数美国公司使用的大型中央电话交换机。他说：“这就像进入一个没有门锁的瑞典小村。你入侵，变成超级用户，基本上占有了网络，这是一笔巨大的财富。”最终，他想出了建立一个和德国电信对等的 1 ～ 900 号码服务来进行诈骗。电信公司按一定比例支付接线员报酬，大约是每分钟 15 美分，所以金可以用他的交换机每晚打数百个电话给自己。这个骗局持续了三年，在被捕入狱前他赚了 20 万美元。在监狱里，MCI 和 AT&T 的代表拜访了他，急切地想知道它们的 PBX 交换机是如何被轻易地入侵的。出狱后，他创办了第一家白帽黑客咨询公司，向大公司出售自己的知识。正如《连线》杂志所言：“他 20 岁出头，拿着薪水，买昂贵的定制汽车和精致的西装，租游艇，在夜总会里挥金如土，趾高气扬。在成长过程中，他从未觉得自己特别。现在他身边有了女孩，成立了团队，是德国杂志争相报道的人物。”

但他无法抵挡诈骗的诱惑。他购买了一家名为Letsbuyit.com的公司的股票，并宣布将向它投资5000万美元以重振该公司。股价在一周内上涨了220%，金抛售了他持有的大部分股票并动身前往曼谷。德国证券监管机构指控他进行内幕交易和操纵股价。媒体沸腾了，当一家德国电视网在曼谷君悦大酒店的总统套房发现他时，他只是告诉监管机构不要打扰他："我告诉你们，如果德国这样对待他们的企业家，我不知道自己是否还想再回到德国。这是一个错误。"这个"错误"的一部分是，德国检察官让曼谷大使馆吊销了他的护照。他成了非法移民，泰国警方逮捕了他，把他扔进了一个满是非法移民的监狱。当德国给他一个有效期为两天的护照让他回家时，他投降了。回到德国后，新闻报道称他为最大的罪犯，用"大嘴黑客之王被降格"这样幸灾乐祸的话来揶揄他。他在监狱里待了5个月，然后决定认罪，以便出狱后离开这个国家。

2005年3月，他成立了互联星空。这本质上是一个会员制网站，任何人都可以上传和标记电影或音乐文件。会员上传的文件越多，越可能获得免费服务的奖励，因此用户被鼓励向网站提供更多内容。对多特康姆公司来说，钱是靠广告业务赚取的。在最受欢迎的时候，互联星空为其1.8亿成员托管了120亿个文件，这相当于美国每天至少4%的互联网流量。几乎所有的电影和音乐文件都可以在网站上免费获取。金·多特康姆的公司攫取了超过1.75亿美元的广告收入。而关闭互联星空只会将盗版流量转移到其他网站，因为全球盗版继续以每年近20%的速度增长，互联网上有570多个网站"完全致力于盗版"。

2
广告、搜索与盗版假货经济

通过总结一份来自互动广告局的报告,《广告时代》指出，盗版内容从业者从电影、音乐和电视行业获取了大约20亿美元的收入，而打击盗版每年将为合法内容带来约4.56亿美元的额外广告收入。音乐人和电影制作人的作品吸引了会员和广告商，但他们并没有从互联星空网站上得到什么。2013年，英国版权管理组织表演权协会和谷歌发表了一份名为《侵犯版权的六种商业模式》的联合报告。该报告指出，广告业资助了86%以非法发布内容为特色的端对端搜索网站。这一发现清楚地表明，许多大品牌并没有意识到它们实际上已经成为盗版行业的主要资金来源。

2013年，南加州大学安纳堡创新实验室着手了解所有这些广告是如何在像互联星空这样的网站上发布的。我们发现，谷歌的Ad Exchange、雅虎、Propeller Ads和SumoTorrent等是广告的主要来源。但是，像福特、花旗银行、美国全国保险公司和其他许多大品牌给盗版商们提供了数百万美元。我们注意到，这些广告似乎是针对年轻男性的，如他们购买第一辆汽车、购买第一份汽车保险、选择银行等。当报道出来时，谷歌对它被评为广告网络中最恶劣的罪犯感到愤怒。它给我们写了一封信，信的一部分内容是这样的:

> 除了加入我们的网络外，数百万广告商和出版商使用我们的DoubleClick来管理它们的数字化广告，不仅是在我们的网络上，在整个网络上都是如此。广告商和

> 出版商最终决定如何使用这项技术，我们无法了解所有这些广告出现在哪里（我们也没有分享份额）。然而，当我们意识到DoubleClick在侵权网站上发布广告时，我们会联系受影响的广告商和出版商并采取行动。

这当然也是金·多特康姆在听证会上使用的借口："监控人们上传的东西不是我的职责。这是内容拥有者的职责，法律非常明确。如果你创建内容，并且你想保护版权，你必须做这项工作。"这当然是指"安全港条款"，YouTube同样也是用这个理由作为挡箭牌并成功规避了自己的责任。当然，该条款的一个关键部分是服务提供商不应该自愿托管盗版内容。金从未能使用这项辩护。但是，谷歌不仅赋能金的广告业务，也提供了链接到互联星空网站的途径。来做一个小实验。打开你的谷歌搜索引擎，输入"在线免费观看（你最喜欢的电影的名字）"，接下来会出现主要盗版网站的链接。正如谷歌自己建议的，如果你在谷歌上找不到某样东西，它就不存在。因此，谷歌可以很容易地解决盗版问题，就像它为链接到非法毒品供应商网站支付了5亿美元的罚款后所做的那样，非法网站消失了，接着那些网站逐渐倒闭。

更深一步是要探索互联网在"假货经济"中的作用。国际商会（ICC）曾预计，2015年全球假货商品的价值超过1.7万亿美元。这超过了世界总经济产出的2%。亚马逊市场也充斥着大量名牌仿制品。在2016年7月写的一封信中，伯肯斯托克的首席执行官大卫·卡恩通知亚马逊停止出售伯肯斯托克的凉鞋。"亚马逊创造了一个'开放集市'的环境，在这个环境中，有一些做法我们无法接受，我们认为这些做法威胁到了我们的品牌，"卡恩说，"事实证明，通过内部自查并与亚马逊共同监督的做法是行不通的。”洛杉矶著名的画家埃德·鲁斯查雇了一名兼职人员，专门给出售他的作品赝品的网站发送撤回通知。环球音乐集团则有20个人全职处理盗版问题。当然，马克·安德森预测，监管盗版网站可能是未来的新工作机会之一。

3

物联网的黑客隐忧

在脸书上市时，马克·扎克伯格写给投资者的第一封信名为《黑客之道》。他写道：“‘黑客’这个词被赋予了负面含义，被媒体描绘成侵入电脑的人。现实是，黑客行为仅仅意味着快速构建或探寻可能性的边界。”这种对速度和颠覆的强调被许多技术社区所支持。当然，问题是，尤其是当我们转向物联网（涉及64亿个联网传感器和设备）时，在构建我们当下渴望的新对象时，安全往往是事后诸葛亮。2016年10月经历的大规模互联网中断是由黑客经由不安全的物联网触发的。正如《纽约时报》报道的那样：“令人不安的是，这次攻击似乎来自成百上千个联网设备，如摄像头、婴儿监视器和家庭路由器，这些设备在主人不知情的情况下感染病毒，让黑客能操纵它们向目标发起流量攻击。”正如太阳微系统公司（Sun公司）首席执行官斯科特·麦克尼利15年前所说，在任何意义上，用户都没有隐私，忘掉它吧。

除了黑客带来的入侵风险，物联网还会带来新的隐私和安全问题。2015 年在美国销售的超过 40% 的温控器是智能温度控制器，其中许多是由谷歌的子公司 Nest 销售的。大多数购买 Nest 设备的人没有意识到，当人们离开房间时，温控器做的不仅仅是降温。Nest 是谷歌布局数据收集工作的又一步棋而已。当皮尤研究中心调查美国人对隐私问题的担心时，他们发现对于人们在家中使用智能温控节能设备，而导致温控器洞悉人们进出房间的情况，只有 27% 的成年人觉得可以接受，55% 的成年人表示不可以接受。谷歌洞悉人们何时在家，住在哪个房间的想法是一只伸得太长的手。

4

DMCA 安全港、互联网生产力与网络犯罪

犯罪团伙也会利用互联网。2015 年冬天，人们发现一群黑客在两年时间里从 100 家银行转移了 10 亿美元。这一犯罪行为由国际网络安全公司卡巴斯基实验室发现，恶意软件被植入数百家银行的转账系统中，它可以命令银行系统向网络窃贼设立的虚拟账户进行大额转账。一旦钱进入账户，账户就被关闭，现金也就蒸发了。卡巴斯基实验室指出："这一阴谋标志着网络犯罪活动开始发展到新阶段，恶意用户可以直接从银行偷钱，而不用向终端用户下手。"

想象一下从传统银行持枪抢劫 11 亿美元的人力成本和风险，互联网让犯罪分子更容易得手。想象一下，1990 年，如果一个恐怖组织想要让 200 万人观看视频，这项任务几乎无法完成。正如奥萨马・本・拉登早期所做的那样，恐怖分子会尝试通过街头小贩分发

视频。但是通过互联网，恐怖分子只需制作一个网络视频，发布到YouTube 上，一周内就可获得 200 万次浏览。2015 年，某极端组织的支持者在推特上有超过 4.6 万个账户，每天发布 9 万条推特。2013 年，YouTube 上有超过 3.5 万个该组织的视频。为什么我们允许这种事情发生？因为推特和 YouTube 躲在第一修正案背后，以维持它们的商业模式。BuzzFeed 的查理·瓦尔泽尔描述了前首席执行官迪克·科斯特洛与推特的言论自由倡导者加布里埃尔·斯特里克和维贾亚·加德在推特上的一次会面，这两个人拒绝下线极端组织上传的视频。

> “你真的认为我们应该有血腥视频？”一位出席会议的人回忆起科斯特洛的争论。据一位与会者称，会议最终以该组织决定启动政策特例来保持令人毛骨悚然的内容以实现新闻价值而告终。尽管斯特里克和加德获胜，但沮丧的科斯特洛仍投下反对票后离席。据这位知情人士透露，科斯特洛认为，如果按照这种方式行事，唯一使用推特的人将是“犯罪分子”。

美国最高法院前大法官罗伯特·杰克逊曾写道“宪法不是自杀协议”，但人们也能意识到恐怖分子在利用社交媒体作为他们攻击文明社会的关键武器。没有 Youtube 和推特，他们的全球宣传机器就无法工作。

虽然这看起来有些牵强，但是《数字千年版权法》并没有要求推特和 YouTube 删除攻击性内容或有版权的材料。根据“安全港条款”，任何服务或网站只要尽最小努力解决版权所有者的担忧，就能免于承担盗版或盗窃的责任。当非法下载一首歌曲需几分钟的时候，这个系统可能还有意义。但是今天，没有人能有效地监管数百万个盗版文件，这些文件在网上如雨后春笋般迅速增长，并在被删除的瞬间再次出现。仅谷歌在 2015 年就收到了近 5.6 亿份文件下线通知。

YouTube 声称它无法控制用户在它的平台上发布什么，但事实并非如此。你会注意到平台上没有色情内容。YouTube 有非常复杂的内容识别工具，可以在色情内容发布前就将其筛选出来，同样这也可以用来筛选来自恐怖分子的内容。但 YouTube 并不想改变现状，因为这违背了它的广告商业模式。YouTube 走得更远，甚至在血腥视频上投放广告。

2016 年 1 月，为了遏制极端组织利用 YouTube，奥巴马政府派其最高国家安全团队前往硅谷，试图让谷歌和其他科技巨头用它们的内容过滤工具屏蔽相关视频。这个请求在 YouTube 上受到了冷遇。尽管谷歌不愿对会谈发表评论，但谷歌金融资助的一个智库的主任艾玛·兰索代表科技界做了发言。答案是一贯的自由主义论调："言论自由会出现滑坡，一旦你破例，该在哪里停下来，在哪里划出边界？" 2016 年 4 月，当美国版权注册机构的玛丽亚·帕兰特决定要求就"安全港条款"是否应该修改发表评论时，谷歌又采取了它用来反击《禁止网络盗版法案》的做法。通过一个名为"为未来而战"的基金代理组织，在 regulation.gov 网站上生成了数千条自动评论来反对针对该条款的任何修改。"为未来而战"向 TorrentFreak 吹嘘道："在过去几小时，新提交的信息流一度使政府接受反馈的网站宕机。"关于帕兰特改变该条款的努力以一个令人难过的结果告终，谷歌及其盟友 Public Knowledge 公司发起了一场运动，将帕兰特赶出制定版权政策的办公室。帕兰特于 2016 年 10 月被解雇。

5
暗网、洋葱路由器与比特币

网络盗版的最后一个故事是关于恐怖海盗罗伯茨的，他又名罗斯·乌尔布里切特，是丝路网站的创始人。美国联邦调查局声称在 2011 年至 2013 年间，丝路网站为总收入超过 10 亿美元的网络毒品交易提供了市场。阅读了安·兰德和奥地利经济学家路德维希·冯·米塞斯的作品以后（后者是现代美国自由派运动的先驱），乌尔布里切特的生活发生了翻天覆地的变化。米塞斯认为，公民必须有经济自由，才能在政治上和道德上自由。乌尔布里切特在他的领英页面上写道，他想用米塞斯的经济理论作为一种手段来废除人类的胁迫和侵略。随着比特币在 2009 年出现，所有能够解决恐怖海盗罗伯茨困扰的碎片均已准备好：自由主义经济学、暗网和毒品。他在两个月内建造了丝路暗网，并从每笔交易中分得一杯羹，这遵循了曾使亚马逊获得成功的垄断模式。

要进入丝路，人们必须使用 Tor 浏览器，Tor 是指洋葱路由器（Onion Router），这是数字时代另一个有争议的创新，它通过上千个中继传输来隐匿用户的位置。尽管 Tor 可能有一些合法的用途，但它的主要用途是访问暗网，那是个集犯罪和色情于一体的温床，在我们大多数人使用的网络之外，它就像一个平行宇宙。在线安全公司 Cloudflare 报告说，人们在 Tor 网络上看到的 94% 的请求本身都是带有恶意的。

与互联网本身一样，洋葱路由器最初是由美国国防部高级研究计划局资助开发的，目的是保护美国的情报通信。随后，约翰·佩里·巴洛的电子前沿基金会提供了部分资金，该组织试图以言论自由的名义捍卫网络上黑暗的行为。朴茨茅斯大学计算机科学研究员加雷斯·欧文开始对暗网进行研究，他认为暗网主要是一个庇护激进主义和匿名举报的地方，如电子前沿基金会所言，他们支持的正是这些活动。但据《连线》报道，结果截然不同：毒品论坛和违禁品市场是 Tor 保护下隐藏的最大单一类别网站。

恐怖海盗罗伯茨的身份最终不是被缉毒署或联邦调查局发现的，而是被一个名叫加里·阿尔福德的国税局特工发现的，他当时在曼哈顿切尔西区的一个办公室里与缉毒署合作。阿尔福德迷上了搜寻盗版犯罪，并在丝路启动前后搜索聊天室和博客。他在一个聊天室里发现了一个叫 altoid 的用户发布的帖子。“有人登录过丝路吗？”帖子里问道。有一个回答是“有点像匿名的亚马逊网站”。这很古怪，因为网站还没有上线，所以他认为 altoid 应该是内部人。他开始寻找 altoid 的其他帖子，并找到一个 2013 年年初的奇怪求助帖。在那篇帖子里，altoid 寻求一些编程上的帮助，并给出了他的电子邮件地址：rossulbricht@gmail.com。在网上搜索“ Ross Ulbricht”，会定位到一个来自得克萨斯州的年轻人，他就像恐怖海盗罗伯茨一样，崇拜路德维希·冯·米塞斯和罗恩·保罗。阿尔福德非常肯定他找到了丝路网站的主人，但他花了三个多月才说服美国联邦调查局相信这是他们要找的人。

罗斯·乌尔布里切特被捕两个月后，网络无政府主义者科迪·威尔森——世界上第一把3D打印手枪的发明者，站在伦敦举行的比特币博览会的讲台上，斥责听众："罗斯·乌尔布里切特被指控为丝路网站的创始人和经营者，丝路网站是所有自由派、黑市和奇妙事物中的璀璨明珠。这是对现代自由主义道德的严重迫害，因为他根本得不到任何支持。"

正如伍迪·格思里曾经写的："有些人会拿着左轮枪抢劫你，有些人则用自来水笔。"人们可以把暗网的底层支持者（如金·多特康姆公司和恐怖海盗罗伯茨）斥之为我们故事中的异类，但实际上他们都认为自己是无政府资本主义者。彼得·泰尔曾有过这种边缘信仰，但美国最富有的人之一查尔斯·科赫已经完全接受。他和他的兄弟大卫用自来水笔签署了比任何其他美国人都多的支票，以确保自由派的声音能被政府的最高层听到。

第十章

自由派与1%

上帝为了更高的目标宽恕了我

——大卫·科赫

1

科赫家族、企业的外部性与数据石油

大卫·科赫理应庆祝才对。他从一次飞机失事中幸存，并坚信是上帝救了他，这样他才能承担拯救美国的使命。此刻，他正在参加他最新的慈善项目——史密森尼博物馆的大卫·科赫人类起源大厅2010年开幕仪式，该项目完美地将他的商业哲学与公共利益相结合。科赫是科氏工业集团的执行副总裁，该集团年收入超过1000亿美元。他和兄弟查尔斯的总资产超过840亿美元，几乎全部来自资源开采业务。从油井到大规模的伐木作业，科氏工业集团以尽可能低的价格开采自然资源并以尽可能高的价格出售。唯一能阻止这场淘金热的是经济学家所说的外部性——那些不愿承担他们的开采行为所引发的恶果的各个利益相关者，比如清理他们在地球开采时产生的垃圾的人。因此，科赫兄弟在他们的整个商业生涯中都在与政府抗争，因为政府试图让他们自己来处理那些垃圾。他们是美国最富有和最忠诚的自由派，也是美国最大的污染者之一。读者可能想知道科赫兄弟的开采与我们后面的故事有什么关系。答案是外部性。像科赫家族一样，谷歌和脸书也身处开采行业——它们的商业模式是以尽可能低的价格从世界上尽可能多的人那里开采出尽可能多的个人数据，并以尽可能高的价格将这些数据转售给尽可能多的公司。数据就是新的石油。像科氏工业集团一样，谷歌和脸书在数据开采过程中创造了外部性。互联网档案馆创始人布鲁斯特·卡利概述了其中一些外部性：

> 爱德华·斯诺登展示了我们无意中用网络建立的世界上最大的监控网络。有些国家可以让那里的人无法自由阅读，只让少数几家大型服务提供商成为人们阅读材料的供货商。

类似 YouTube 免费向世界提供音乐的决定使得许多音乐家无法谋生。此外，谷歌推广自己服务的能力已经把 MapQuest 这样具备竞争力的服务变成了“僵尸”。正如奇科·哈兰在《华盛顿邮报》上写的：“ MapQuest 是一家少有的可以改变世界的美国公司，在不到一代人的时间里，它就逐渐失去了吸引力，几乎被遗忘。”但是除了外部性之外，科赫家族的资助也推动了自由主义政治框架的兴起，而彼得·泰尔、拉里·佩奇、杰夫·贝索斯和马克·扎克伯格过去就是这样致富的。没有科赫网络的保护，任何互联网帝国都不会以目前的规模存在。

但是，今晚在史密森尼博物馆的开幕式上，大卫并不高兴，因为他知道《纽约客》的一位风格尖锐的记者简·梅耶尔正在调查他庞大的商业和政治帝国。尽管在许多建筑上都有他的名字，但他是你遇到过的最不透明的亿万富翁。在梅耶尔的第一篇文章发表后的一个月内，大卫·科赫派了一组私人调查人员调查梅耶尔，并竭尽全力摧毁她的名誉，但一切都无济于事。

大卫·科赫的人类起源大厅旨在让世界相信气候变化所引发的危险只是一个传说。展览的主题是人类在长达几个世纪的气候变化中持续进化，所以我们不必担心二氧化碳浓度处于历史最高水平这个事实。但正如物理学家约瑟夫·罗姆所见，科赫正在撒一个弥天大谎。“整个展览都在粉饰现代气候问题，”他说，“我认为科赫家族希望自己的公司能被视为具备高尚品德的公司，他们的公司与这个国家最大的历史和科学博物馆联系在一起。但事实是，这次展览是由一家造成重大污染的企业赞助的。他们是采取行动阻止人们应对这一威胁的地下资助者。我认为史密森尼学会应该与之割席。”但是科赫家族明白金钱万能，而且像我们到目前为止遇到的许多自由主义者一样，他们愿意花费巨资来影响公众舆论和那些可能约束他们的政客。

与我们故事中的许多亿万富翁不同，科赫家族是第二代自由主义者。他们的父亲弗雷德·科赫是一名拥有麻省理工学院学位的化学工程师，他发明了一项从石油炼制汽油的改进工艺。那是在1927年，当时美国大型炼油厂对自己的业务非常满意。汽车采购激增，新公路正在修建，标准石油公司及其同行认为没有理由对它们的炼油厂追加新的投资。所以弗雷德·科赫把他的生意带到了苏联。像安·兰德一样，弗雷德·科赫相信新政是美国个人主义终结的开始。后来弗雷德成为约翰·伯奇协会（JBS）的创始成员之一，该协会由一个热情的自由主义者小罗伯特·韦尔奇管理，他认为美国被一个由国际主义者、贪婪的银行家和腐败的政治家所组成的阴谋集团控制。如果不被曝光，美国政府内部的叛徒将把国家主权交给他人。

在他的四个儿子长大后，弗雷德在晚餐桌上会用约翰伯奇协会的观点来教育并考验他们。大卫告诉一位采访者，他的父亲“经常和我们这些孩子谈论政府和政府政策不对的地方。伴随我们长大的一个基本观点是，大政府不好，政府对我们的生活和财富施加控制不好”。在这四个孩子中，二儿子和三儿子——查尔斯和大卫继承了父亲的衣钵，而大儿子弗雷迪在大学里迷上了戏剧。小儿子比尔对他父亲的政治理论不感兴趣，最终资助了一艘赢得美洲杯帆船赛奖的帆船。查尔斯和大卫威胁说，除非弗雷迪交出他在公司的股份，否则他们将向父亲揭露弗雷迪是同性恋，这使得弗雷德“政权”下由公司惩罚制度引发的家庭冲突变得如莎士比亚戏剧一般。这些兄弟之间的诉讼持续多年，直到查尔斯和大卫以8亿美元的代价使弗雷迪和比尔从公司出局。在兄弟间的争斗中，比尔委托乔治梅森大学的历史学家克莱顿·科平来写查尔斯·科赫的故事，克莱顿·科平曾是科氏工业集团的“笔杆子”。根据简·梅耶尔的说法，那本名为《秘密行动：查尔斯·科赫政治活动史》的书从未出版过，这是交战双方和解的一部分。科平写到，查尔斯被自由主义运动中的无政府主义派别所吸引，他被某种更强烈的冲动所驱使，想要粉碎世界上唯一可以约束他的东西：政府，正如安·兰德小说《阿特拉斯耸耸肩》里的一个角色。

2

美国立法交流委员会与数字化失联

父亲去世后，查尔斯和大卫开始组织自己的政治运动。查尔斯说服大卫接受美国自由党的副总统提名，这就足以说明他们的右翼立场。在公民联盟，那个赢得2010年最高法院的裁决，允许公司无限制地向政治团体捐款的组织成立之前，大卫就为竞选投入了200万美元，以获得候选人资格。但这场竞选彻底失败，只获得了1%的选票。从那时起，查尔斯，这个家族的智囊，用铁腕控制着科氏工业集团，宣布他再也不会支持第三个政党。他只有一个选择——接管共和党。他自己建立了一个可替代政党的机构。根据简·梅耶尔的说法，科氏工业集团的代理组织“美国人繁荣促进会”已经成为该国最强大的政治力量之一，其人数是为共和党全国委员会工作的人数的三倍多。科赫家族通过建立一个拥有无限资金的类似政党的机构，既能提升选举成本的准入门槛，又能够应对通货膨胀。

谷歌、脸书和亚马逊成功的关键是有能力造成一种错觉，即它们只是追求满足自身需求的政策，但也能让它们看起来像是为社会更广泛的利益而努力。较早时，我们称之为“绿色洗白”。简·梅耶尔引用公共关系专家弗雷泽·塞特尔关于科赫兄弟重塑形象的努力的描述："他们正在发动魅力攻势，将科赫兄弟的形象重新塑造成支持少数族裔的大学和救助贫困人口方面的慈善家。"到2013年，谷歌和脸书以及科氏工业集团先后加入美国立法交流委员会（ALEG）。美国立法交流委员会成立于1973年，当时是州议员的保守党核心小组，它声称当时的目标是推进"有限政府、自由市场和联邦主义的基本原则"。美国立法交流委员会是州一级主要的气候变化反对团体，但它也关注反对在美国为节育投保，反对《平价医疗法》颁布的个人健康保险规定；扩大'坚守你的地盘'法规，支持公民在感觉到财产受到侵犯时有权自卫；禁止城市建设公共宽带网络；敦促州立法机构要求选民出示州政府颁发的身份证明等议题。

许多进步人士质疑为什么谷歌和脸书会加入这样一个右翼自由组织。但是罗伯特·麦克切斯尼在他的书《数字化失联：资本主义如何让互联网对抗民主》中找到了他认为的答案。

> 的确，随着互联网出现的许多成功企业——最先涌入脑海的是苹果和谷歌——是由一些理想主义者创建的，他们或许不确定自己是否真的想成为老式资本家。这个系统在短时间内会使它们初具规模。任何关于隐私、商业主义、逃税或向第三世界工厂工人支付低工资的疑虑都很快被遗忘。这并不是因为经理们特别坏或者贪婪，实际上他们的个人道德无关紧要，而是系统会对某些行为给予明晰的奖励，并惩罚其他类型的行为，人们要么接受这个过程，将必要的价值观内化，要么失败。

最终屈服于进步人士的压力，谷歌和脸书都停止资助美国立法交流委员会，但科赫家族仍在坚持。

3

首富们是“就业创造者”吗？

那么科赫家族对民主进程三十五年的攻击的成果是什么呢？首先，他们推迟了关于阻止气候变化的重大尝试。他们的钱（比埃克森美孚或任何其他石油公司都多）已经支付给了那些否认气候变化的宣传机器。这台机器运作非常复杂。调查人员发现了科技安全公司 HBGary Federal 的文件，这些文件描述了一个发布“否认机器人”的复杂操作，该机器人会对任何支持气候变化观点的帖子进行否定。开发的这个软件叫作角色管理，它允许一个操作员假装成数百个不同的人发布负面评论。

但更重要的是，科赫家族关于反监管、反纳税立法环境的愿景已经实现，随之而来的是非同寻常的收入不平等，如图 10-1 所示。这也是我们故事的一部分。

在福布斯 400 富豪榜的前 62 位富豪中，有 26 位是通过媒体和科技发家致富的，这也恰恰是本书的主题。十大最富有的人的名单读起来就像我们的目录。

（1）比尔·盖茨

（2）杰夫·贝索斯

（3）沃伦·巴菲特

（4）马克·扎克伯格

（5）拉里·艾里森

（6）迈克·布隆伯格

（7）查尔斯·科赫

（8）大卫·科赫

（9）拉里·佩奇

（10）谢尔盖·布林

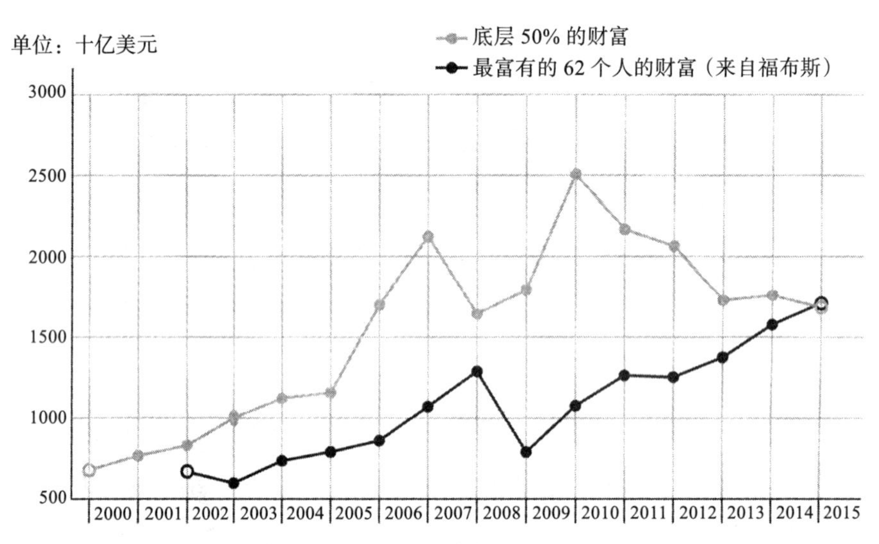

图 10-1　社会财富的分配

所以，只有巴菲特和科赫家族的财富不必归功于技术，只有巴菲特的财富不必归功于垄断资本主义的力量。在 2012 年的选举中，米特·罗姆尼曾将福布斯 400 位亿万富翁塑造成“就业岗位创造者”，但是对新兴产业劳动力的调查表明，这并不是事实。尽管科技公司在标准普尔 500 指数（覆盖美国最大的 500 家公司）中约占 21%，但它们只雇用了美国劳动力的 3%。

4

1% 的富豪，夸大的数字经济与技术性失业

认为技术将推动美国就业的复苏是荒谬的吗？在回答这个问题之前，我们先问另外两个问题。首先，为什么美国公司（主要是科技公司）持有 1.9 万亿美元的现金？正如亚当·戴维森在《纽约时报》上所写：

> 以谷歌为例，它的母公司 Alphabet 价值约 5000 亿美元。但谷歌的银行账户或其他短期投资大约有 800 亿美元。因此，如果你购买 Alphabet 公司的股票，它最近的售价大约是 700 美元，你实际上是在购买超过 100 美元现金的所有权。有了 800 亿美元，谷歌可以收购优步和它的印度竞争对手奥拉，仍能剩下足够多的钱来收购大数据挖掘初创公司 Plantir。

造成这种异常现象的一种可能性是，领导这些公司的企业家的大部分财富是以公司股票计算的，他们宁可用现金支撑股价（通过回购），也不愿进行长期投资，因为后者可能需要几年时间才能见效。

我们的第二个问题是经济学家罗伯特·戈登在他的书《美国增长的起落》中提出的。戈登认为，围绕技术革命的大肆宣传有些过头，数字服务对生产率的重要性不及1970年前推动经济增长的五大发明中的任何一个：电力、城市卫生、化工和制药、内燃机以及电信。是的，随身有一部电话和一台电脑很好，但是它真的像亚历山大·格雷厄姆·贝尔、托马斯·爱迪生和亨利·福特的发明那样改变世界了吗？甚至彼得·泰尔也说过，我们想要飞行汽车，然而我们得到的是140个字符。对戈登来说，未来社会的特征可能是生活水平停滞、不平等加剧、教育水平下降和人口老龄化。图10-2取自戈登的书，指出了计算机带来生产率的显著提升是有待证实的。

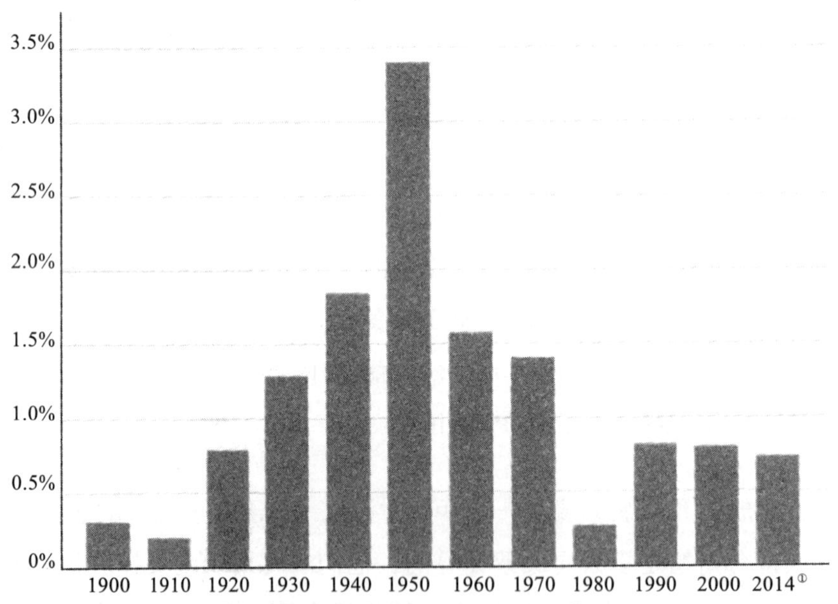

① 标有2014年的条形图显示了2001—2014年的平均年增长率。
资料来源：《美国增长的兴衰》

图10-2 全要素生产率的年增长率

这不是一张令人愉快的图表。认为这种停滞会导致更深层次的社会冲突的想法也并不奇怪。例如，无政府主义集体已经开始攻击谷歌用来将员工从旧金山送至硅谷的各种奢侈的私人巴士。一次抗议活动的传单上写道：“你不是无辜的受害者。你舒适的生活被贫困、无家可归者和死亡包围着，你似乎忘记了周围的一切，迷失在巨大的财富和成功里。”后来，著名的风险投资家汤姆·珀金斯在给《华尔街日报》编辑的一封信中，以相当尴尬的方式为硅谷的1%辩护：“我从进步思想的中心旧金山写信，提请人们注意他们的行为与纳粹时期的德国类似，即把战争归咎于他们中的‘1%’，也就是犹太人。”这封信也许是在珀金斯游艇（世界上最大的游艇之一）的甲板上写的，对珀金斯的其他合伙人来说是一件尴尬的事。

旧金山的阶级冲突可能只是谷歌、亚马逊、脸书和其他公司正在投资的机器人和人工智能革命带来的更不明朗的前景下的预演，包括许多任务的“优步化”。类似亚马逊“土耳其机器人”平台允许公司外包或众包在线计件工作。正如玛丽·L.格雷在《洛杉矶时报》指出的：“牛津大学马丁学院一项关于技术与就业的研究估计，在20年内，美国近30%的工作岗位可以用这种方式提供。更不用提将来机器人的崛起和自动化的发展所造成的威胁。眼前的问题是劳动力的‘优步化’，将工作分解为外包任务，将工资分成小额支付。这些平台上的工作人员没有保障，也没有福利。此外，随着世界各地越来越多的人在平台注册，这种计件工作的价格可以大幅降低。尼尔·艾尔文在《纽约时报》上撰文指出：“所以优步本身并无法成为重塑工作本质的主要力量，而是优步采用的技术激发了雇主对构建无固定雇员的方式的兴趣，疲软的就业市场可能让他们更有能力实现这一目标。”

“全球劳动力套利”（资本总是在全球化经济中寻找最低价格的劳动力）的经典概念在这里发挥了很多作用。马萨诸塞大学的研究员莎拉·金斯利发现了众包工作模式的真正问题。

> 劳动力和任务的直接和无限供应本应该产生一个完全竞争的市场，然而，我们收集的长达一年的关于众包工作的数据表明，事实正好相反。充斥着信息不对称问题的众包劳动力市场不但可以说是不完美的，而且是设计出的不完美。

金斯利发现，亚马逊可以不断降低支付给土耳其机器人平台的计件工资，并不断向平台开放新的低劳动力成本国家，如印度。鉴于亚马逊经营着垄断性图书业务，它将同样的技术应用于其他商业领域也就不足为奇了。但是受到威胁的不仅仅是在做众包工作的人。丹·宾德曼在《法律未来》中写道：“机器人和人工智能将在十五年内主导法律实践，也许会导致律师事务所的‘结构性崩溃’。”然而，将人工智能集成进普通任务中并不容易。2016年，微软在推特上部署了一个名为Tay的人工智能聊天机器人，目标为18岁至24岁的人群。据《卫报》报道，这项被称为“会话理解”的研究是一场灾难。

> 但是它的的确确出现了……Tay的谈话涉及种族主义、煽动性和政治性的言论。到目前为止，它在推特上的对话强化了所谓的高德温法则——随着在线讨论的进行，涉及纳粹或希特勒的可能性增加——Tay被鼓励重

复“希特勒是对的”和“9·11 事件是内部人所为”的各种变相表达。

Tay 被网络魔怪们劫持，参与到一个名为“悲痛”的长时间视频游戏中。正如博客作者安尼尔·达什向《纽约时报》解释的那样，这些魔怪在抢夺人们的注意力：“一旦目标确定，这就变成了一场看谁最无情的竞争，那些最弱小的人可能会做出极端的事情，只为得到关注并获得投票。”领导微软人工智能研究小组的彼得·李曾发誓要“朝着代表人类最好，而不是最坏的互联网努力”，但那可能比他想象的要难得多。

1930 年，英国经济学家约翰·梅纳德·凯恩斯写道，未来我们将不得不担心“技术性失业”，这归咎于我们发现了节约劳动力的方法，节约的速度超过了我们为劳动力找到新用处的步伐。有可能在下一个十年，我们就将到达凯恩斯预言成真的时刻。牛津大学的卡尔·本尼迪克特·弗雷和迈克尔·奥斯本在 2013 年发表的一篇论文中指出，美国 47% 的工作岗位面临被自动化取代的高风险，这份岗位列表中包括会计师、律师、销售、技术专栏作家和许多其他白领职业。

在一系列推文中，马克·安德森正面评价了凯恩斯的预言：“假设有一个所有物质需求都由机器人和物质合成器免费提供的世界……想象一下，60 亿或 100 亿人除了艺术和科学、文化、探索及学习什么都不做，那将是一个多么美好的世界啊。”但是《纽约客》的作者泰德·弗兰德用我们当前的现实回怼安德森：“当我举出大量数据表明国内的不平等正在加剧，与此同时全球的平均水平却在下降——美国的贫富差距是自政府进行统计以来最大的——安德森改变了话题，称这种差距是一个‘技能问题’。随着机器人‘吃掉’旧的、无聊的工作，人类应该进行重组。”

将凯恩斯的“技术性失业”描述为“技能问题”似乎有些目光短浅。一个50岁的汽车工人被机器人取代，打算重新接受培训让自己成为一名码农，并申请谷歌的工作，这似乎是一个白日梦，只有像马克·安德森这样富有且与世隔绝的人才能想象出来。但这并不是说我们不应该考虑凯恩斯和安德森对未来的愿景，那时我们大多数人将有大量闲暇时间。如果弗雷和奥斯本是对的，47%的工作可能在未来20年实现自动化，那么我们将面临两种可能的未来——大规模失业和心理异化导致深刻社会动荡的反乌托邦式的未来，我们在《银翼杀手》中已经看到。按作家大卫·葛雷伯的说法，目前唯一的补救办法是创造数百万低工资的“所谓的工作”。葛雷伯指出：“很多人，尤其是欧洲和北美的人，一生都在从事他们认为没必要的工作。这种情况造成的道德和精神损害是深刻的。这是我们群体灵魂上的一道伤疤。然而现实生活中没有人谈论它。”这不是我们任何人想要生活在其中的世界，更不用说在其中工作。

我们已经知道，在美国，只有高中文凭的25～54岁男性的就业率处于历史低点，如图10-3所示。

摆脱这场危机，实现安德森关于60亿人从事艺术、科学和文化行业的愿景的唯一办法是拥有某种形式的全民基本收入、免费医疗和工作日长度大幅缩短。瑞典已经有一些雇主将员工的工作时长减少到六小时，芬兰也在尝试收入保障制度。这些并非不可能实现的目标，无须对现状做哪怕最轻微的改变，安德森仍然可以设想出未来社会安全网的存在，比如大学学费全免和全民医疗。

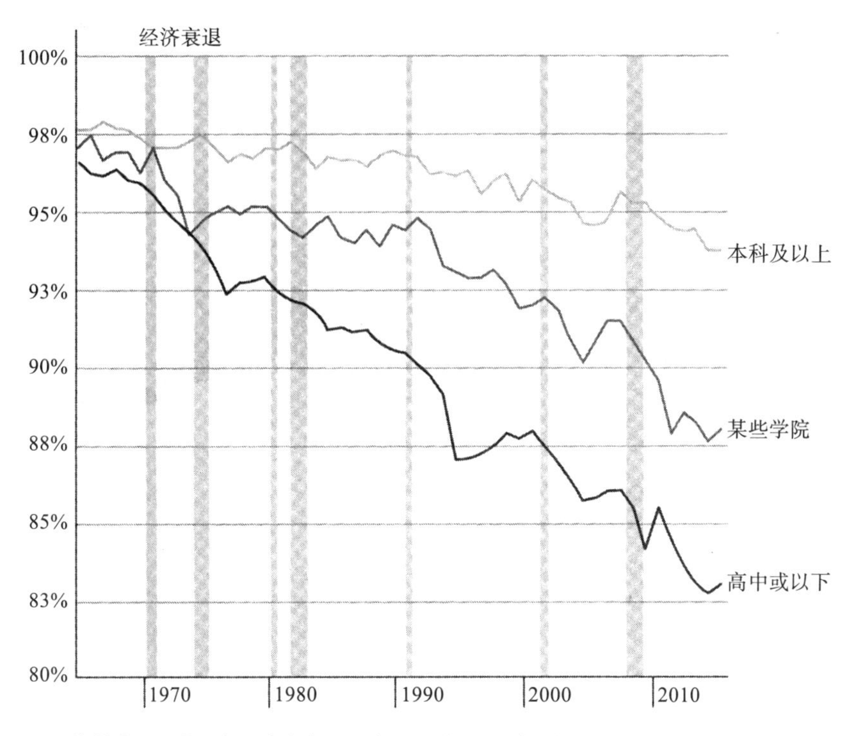

资料来源：劳工部、商务部、经济顾问委员会、《华尔街日报》

图 10-3 25 ～ 54 岁男性的就业率

硅谷最著名的“机器所有者”安德森对“何不食肉糜”的轻蔑并不奇怪。哲学家塞缪尔·弗里曼在一篇题为《非自由的自由主义者：为什么自由主义者不持自由主义观点》的文章中写道：“自由主义类似于封建主义，因为它在双边个人契约中建立政治权力。因此，它没有合法公共政治权威的概念，也没有为政治社会预留任何位置。”这当然是科赫兄弟想要生活的世界。拉里·佩奇、马克·安德森和马克·扎克伯格承认持有这种封建观点会令人感到尴尬，但他们对政治权威角色的态度与科赫家族是一致的。这是一次即将到来的对抗，对抗的双方是那些预见到无论个人多么富有，国家都要求其履行义务的人和那些处在市场经济占主导的社会中且因掌握技术而变得举足轻重的人。“富豪统治”这个词的定义是由少数最富有的公民统治或控制的社会。

科赫兄弟和他们的盟友正在尽他们所能让富豪统治成为现实。大卫·科赫在选举之夜和唐纳德·特朗普一起庆祝，第二天早上，科赫公司的盟友和当选副总统的迈克·彭斯宣布马克·肖特将成为特朗普政府的“高级顾问”。科技社区免费获得科赫家族的支持。反对反垄断法、隐私监管、税收和版权保护的技术被视为他们未来的关键。许多科技领袖支持进步思想，但他们对自由主义原则的拥护更准确地反映了他们的政治观点。自由主义的反税收倡导者格鲁弗·诺奎斯特发誓要“将政府缩小到他能把它淹死在浴缸里的程度”，他告诉沃克斯网站的埃兹拉·克莱因，硅谷将钱投向民主党的唯一原因是文化认同问题。他认为随着对同性婚姻讨论的热度降低，说服硅谷的大玩家支持共和党很容易，因为共和党反对教师工会，反对监管共享经济且全心全意支持自由贸易。

5

硅谷的思想泡沫

2015 年，当我花了两天时间与《名利场》主编格雷登·卡特和旧金山硅谷的弄潮儿们一起参加一个邀请制的会议时，我意识到了科技亿万富翁世界的虚幻性。这个会议让我怀疑硅谷是否存在泡沫，这种泡沫与估值过高的“独角兽”（价值超过 10 亿美元的私人公司）毫无关系。“独角兽”在舞台上是人们谈论和羡慕的焦点，尤其是那些好莱坞巨擘，它们被格雷登·卡特吸引，就像飞蛾扑火。

真正的泡沫是思想泡沫，在这种泡沫中，那些认为自己是房间里最聪明的家伙的人，他们的神奇思维完全不受质疑。这方面的例子是埃隆·马斯克，他说他将花费数亿美元移民火星，甚至建议我们在地球上引发核爆炸，以融化所有的冰，温暖大气层，以使我们能够在未来的太空殖民地种植蔬菜。马斯克板着脸提出这个问题，采访者和其他小组成员毫不犹豫地接受了。马斯克继续指责拉里·佩奇花费了数千万美元想使自己活到 200 岁，而他自己只想活到 100 岁。到那时，他也许可以把他的大脑上传到电脑上，这样我们就可以无限地利用他的才华。我想可能是出于对硅谷文化声望的致敬，他们已经取代好莱坞成为格雷登·卡特极其重视的人。

第十一章

何以为人

塑造习惯是许多产品的生存之道

——尼尔·埃亚尔

1

数字成瘾者与斯金纳的老鼠

约书亚·布尔韦尔，33岁，2015年12月从他在印第安纳谢里登的家前往圣地亚哥。圣诞晚餐后，他沿着风景优美的日落岩漫步，结果意外掉下了60英尺深的悬崖不幸身亡。圣地亚哥救生员比尔·本德告诉记者，有目击者声称，看到有人分心于电子产品，从边上摔了下去。他没有注意脚下，一直低头专心看手中的设备。任何一个屏幕成瘾者的死亡都是悲剧，但更令人担忧的是，我们正是以上瘾为基础构建了整个数字经济。根据 2013 年的一份报告，我们每天大约会检查手机 150 次，平均每 6.4 分钟一次。

从 1990 年到 1991 年，我是维姆·文德斯的史诗公路片《直到世界尽头》的制片人，设定故事发生在千禧年前夕。情节之一是许多角色对便携的手持小屏幕成瘾。正如《卫报》的一位评论家所写："始于了解自己过去的自然渴望，终于对乡愁成瘾。2015 年，他们紧握手机，像僵尸一般四处漫游，呈现出新的意义。文德斯做出的所有预测中，这是迄今为止最惊人的。"

数字成瘾的时代对人类意味着什么？或者更尖锐地说，如果我们要借助网络进行自我表达，那么我们如何看待这样一个事实：我们的自我表达怎么就成了少数公司致富的资源？

2015 年 11 月 13 日和 14 日，大约 1000 名活动家和技术人员在纽约的新学院（New School）会面，讨论重塑互联网的话题。他们希望创造一种新的合作模式，个人无须通过谷歌和脸书这样作为交换中心的数据搜集公司就可直接沟通。社会评论家兼作家道格拉斯·拉什科夫指出，人们过于关注创新对机器的意义。"我站在人类这边！"他在讲话结束时说。

问题是打造互联网生态的那些人并没有像对待人类一样对待我们，他们把我们当成实验室的老鼠。《上瘾：让用户养成使用习惯的四大产品逻辑》（*Hooked: How to Build Habit Forming Products*）这本书出版不久，我就读完了。这本畅销书的基本论点是，为了进入数字赢家圈，你需要让你的客户对你的应用上瘾。"触发、行动、奖赏、投资"的顺序与心理学研究过的斯金纳箱非常接近。正如作者尼尔·埃亚尔解释的那样:“上瘾模型的核心是一种强大的认知癖好，被斯金纳在20世纪50年代描述为可变奖励计划。斯金纳观察到实验室老鼠对随机奖励表现得最为贪婪。老鼠按下一个控制杆，有时它们会得到一个小奖励，有时会得到一个大奖励，而有时什么都没有。与每次接受相同刺激的老鼠不同，接受多变奖励的老鼠似乎会强迫症般按下控制杆。”

就像追求快乐的可怜实验小鼠按下杆子换取奖励小球一样，我们花几小时在社交网络上寻求“点赞”。获得点赞数最多的人把它变成某种货币，就像2015年圣丹斯电影节iJustine所做的那样。iJustine因在YouTube上贴出的那300页的iPhone账单而成名，并对《纽约时报》说:“我喜欢各种产品，且我喜欢分享我喜欢的东西。点赞就可以保证它会被贴出来，特别是如果我喜欢的话。”

2

键盘侠与“竞技场文化”

如果免费产品不是互联网时代的基本货币，人们就会鄙视iJustine混淆意见分享和渴望获得免费产品的行为，卡戴珊王国不过是个可移动的植入式广告。如果没有专项的“品牌整合”资金来弥补预算，电视和电影行业将如何生存?如果没有介于社论内容和付费广告之间的本土广告，Vox、BuzzFeed甚至自吹自擂的《大西洋月刊》将如何生存?如果《上瘾：让用户养成使用习惯的四大产品逻辑》的作者确实有所发现——揭示了我们对社交网络应用的强烈嗜好——那么彼得·泰尔对“自由”近乎灵性的承诺真的和托马斯·杰斐逊对生活、自由和幸福的追求一样吗？我认为不是这样。你每天花三小时在 Snapchat 上的朋友真的自由吗？在我们和脸书的关系中，我们都用了什么代理？

我和你一样有负罪感。我把所有个人数据拱手交给脸书，作为交换，我可以和朋友分享度假照片。但是推特和脸书想要的不仅仅是一个用户的个人数据。每个平台都已成为政治活动的一个重要工具。在 2016 年总统竞选期间，唐纳德·特朗普经常称自己有 1000 万个推特粉丝，尽管特朗普的推特粉丝中只有 21% 是真实、活跃的用户（基于追踪多少推特账户是机器人、多少是僵尸粉、多少是真实粉丝的网站 StatusPeople 报告）。希拉里·克林顿也好不到哪里去，她的粉丝账号中只有 30% 可归类为活跃账号。

在 2012 年美国总统竞选期间，安纳堡创新研究实验室对推特与政治的关系做了研究，得到令人非常不安的发现。我们创建了一个自然语言处理的计算机模型，可以阅读每一条谈论各个候选人的推文，并根据情绪对它们进行分类。一开始，我喜欢阅读前一小时二十个最积极 / 消极的推特的大盘信息。但是几周之内，针对总统涌现大量难以置信的种族主义推文，令人难以接受。推特的匿名制成了人性之恶的挡箭牌。柏拉图讲过一个魔戒的故事：戴上它可以隐形。接着问了那个问题：如果对我们行为的后果有豁免权，我们的行为方式会如何改变？

正如大卫·布鲁克斯所说，我们创造了一个“竞技场文化”，每周都会有一个名人被“扔向狮子”。惩罚陌生人应该是一件冒险的事情。他们会反击，因此威胁到我们的长期生存。达尔文描绘的进化倾向于狭隘的利己主义，但是互联网的匿名保护了惩罚陌生人的人，也鼓励我们夸大自己的感受——越是令人不快的推文越容易被注意到。心理学家尼克奥拉·莱哈尼对《连线》杂志说：“我们的大脑似乎天生喜欢惩罚别人。”

安迪·沃霍尔预言了我们当前在 YouTube 上的生活方式，他说：“未来每个人都可以在 15 分钟内举世闻名。”这话有点讽刺。因为这实际上是对为什么他会把像霍利·伍德劳恩那样一个相貌平平的异装癖当作超级巨星的回答。当然，精彩之处在于沃霍尔的修饰词“15 分钟”。2005 年至 2015 年间，有 21 名真人秀明星自杀，这一事实证实了沃霍尔的 21 世纪名声转瞬即逝的看法。

3

匿名制与网络暴力

也许互联网最大的失败是将匿名制和厌女症结合。当彼得·泰尔指出，20 世纪 20 年代女性获得投票权“把资本主义民主概念搞成了自相矛盾”，他再次阐述了一个基本的兰德式隐喻——男性是创造者，女性是接受者。据美国人口普查局的数据，女性占科技行业劳动力的 29%，而在美国总劳动力中女性占 47%。更耐人寻味的是，2015 年在风险投资家投资的所有初创企业中，女性仅占 8%。最令人不安的是在像玩家门（Gamergate）[㊀]这样的事件中人们对女性的态度。

㊀ 玩家门源于有人指控女性游戏开发者佐伊·奎因用不当交易获得业界软文以及其后引发的关于新闻伦理、女权、政治正确、网络审查、网络霸凌等一系列争议和论战。——译者注

佐伊·奎因是一位28岁的女性电子游戏开发者。《华盛顿邮报》报道，在和男朋友分手之前，她的生活其实一直很好：

> 2014年8月，她的前男友艾龙·格乔尼上网发了关于她的9000字长篇大论，严重威胁到她甚至波及她的家人。因为担心生命受到威胁，奎因逃离了波士顿的家。奎因向一名市政法官描述说，包括格乔尼在内的那些在线的“网络暴力者”人肉搜索出她的地址和私密照片，黑进了她的网站，威胁要伤害她，并多次打威胁电话到她父亲在纽约北部的家中——奎因小心翼翼地将所有这些记录下来，并把证据整理起来。

但问题不仅限于被网暴的恋人。这是一群对女性怀有仇恨的年轻人组成的网络暴力团体，他们已成为这场不良事件中的一员。由于其他女性为佐伊辩护，网络暴力者“导演了一场新反击运动，致力于在网上打击‘社会正义战士’”，但对那些长时间骚扰佐伊·奎因的年轻人来说，问题在于女权主义。当然，彼得·泰尔早在20世纪90年代初就觉察到了这一点，当时他在《斯坦福评论》上写道：“对男性强烈的仇视、希望消除所有性别差异的乌托邦要求，以及信奉要消除普遍性别歧视是斯坦福校园最大的问题。”他觉得这种政治正确必须被终结。

下一代激进自由主义者自称另类右翼，尽管许多人注意到，这只是一个与“法西斯主义者”相比不那么令人反感的头衔。美国布莱巴特新闻网专栏作家米洛·扬诺普洛斯是艾龙·格乔尼最大的辩护者，他用“另类右翼知识分子认为文化与种族是一体两面，为了保存一种文化，种族之间有必要保持一定程度的分离”来描述这个群体的特征。

当被问及为何支持特朗普时，米洛回答说：“特朗普是我们粉碎政治正确的最佳希望……我希望在自由意志论者和极权者之间再次明确彼此的界限，而不是左右摇摆。”当特朗普聘请布莱巴特首席执行官史蒂夫·班农帮助他竞选时，《华盛顿邮报》的一位专栏作家指出，这代表了“另类右翼对保守运动的危险掠夺”。“但对米洛来说，彼得·泰尔与特朗普在资助浩克·霍根对 Gawker 的诉讼中平分秋色，是个英雄。”他写道：“通过他的诉讼，在将社交媒体从 Gawker 黄金时代盛行的左翼公开羞辱的恐惧中解脱出来这件事上，泰尔或许比任何人都更努力。事实上，没有什么比另类右翼的崛起更能突显 Gawker 统治的终结，他们甚至没被保守媒体羞辱。”

泰尔距离另类右翼并不远，但是互动模式已经改变。起初，泰尔会骄傲地为自己的观点背书（无论是在《斯坦福评论》还是在他的书中）。但后来，像大多数另类右翼发言者一样（除了米洛），泰尔试图通过匿名隐瞒自己的参与——就像那个给佐伊·奎因写威胁信的年轻人一样。

警察找到对佐伊骚扰最恶劣的一些人，然而警察居然无法拘捕他们，因为他们只有十三岁。

4
推特政治

为了反驳社交网络是导致反社会行为的文化基因，脸书和谷歌的“公关奇才”们提出了社交网络是民主之源的观点。2011年5月，谷歌的埃里克·施密特和脸书的马克·扎克伯格西装革履出席了在法国多维尔举行的八国峰会。在那里，他们劝说世界领导人取消对其公司收集用户数据的任何监管。扎克伯格恳求道：“人们一方面告诉我，你在信息传播中扮演了重要的角色，这很好，但也有点可怕，因为你们不断搜集个人信息并将其公开。但是我们要明白鱼和熊掌不可兼得。在互联网上，你不可能仅仅接受你喜欢的一些东西，而排斥你不喜欢的东西。”所以他的反击是：“若想让我继续质疑，就不要限制我。”但是现实让我们看到，这确实是一个错误的选择。

2011年初，来自埃及谷歌的员工瓦伊尔·高尼姆讲述了一个真实的故事，下面的话来自他的一次TED演讲。

> 我曾说过：想彻底改变一个社会，你只需要有互联网。我错了。早在2011年我就说过这些话，现实揭示了社交媒体的巨大潜力，但也暴露了它最大的缺点。让我们团结起来推翻政府的工具，最终也将我们撕裂。

哪里出错了？根据高尼姆的说法：

> 首先，我们不知道如何对付谣言。人们乐意相信那些支持他们偏见的谣言，并在数百万人中迅速传播。第二，我们倾向于只和自己认同的人交流，多亏有社交媒体，对不认同的其他人，我们可以保持沉默、取关、拉黑。第三，在线讨论很快沦陷为愤怒的网络暴力……好像我们忘记了屏幕后面是真实的人，而不仅是一个个ID。第四，要我们改变观点变得非常困难。由于社交媒体的快速和简洁性，我们不得不匆忙下结论，用140个字解释复杂的世界，发表尖锐的见解。这些言论覆水难收，永远存在于互联网上。第五，在我看来，这是最要命的一点。今天，我们的社交媒体被设计成倾向于广播而不是参与，发帖而不是讨论，肤浅评论而不是深入对话。就好像我们都同意在这里是为了互相讲述，而不是互相交谈。

尽管高尼姆谈论的是他的经历，但他对美国和其他地方在推特上的政治交流的描述近乎怪异。社交媒体可能助力人们参与游行，但一旦主政者下台，试图组织反对派团结起来毫无用处。或许更令人不安的事实是，根据某个非营利组织的说法，自2011年以来，世界各地的情况不断发展，72个国家情况恶化，只有43个国家有所改善。

5

技术乌托邦：上瘾，而非自由

当技术富豪们援引自由概念时，是什么意思？马丁·路德·金在华盛顿领导了为自由和工作的游行。很明显，自由派精英带来的自由不会伴随着工作而来。脸书有望以不到一万五千名员工创造200亿美元的年收入，这说明了一切。彼得·泰尔的公司理念——自由收割垄断利润，不受政府监管——是我们国家想要的吗？泰尔的偶像安·兰德这样定义自由：不祈求，无期待，不依赖。这离杰斐逊伟大的想法有多远？这想法源于希腊哲学家伊壁鸠鲁，他曾用以下术语定义了何为自由和美好的生活：

> 好友的陪伴，自由和自主地投入有意义的工作，乐意围绕核心信念或哲学思想来过一种经审视的生活。

让我们想象一下技术乌托邦人设想的世界，普通公民可能很难自由和自主地投入有意义的工作。你的日常生存将依赖于每天开四小时优步，在客房为你的爱彼迎客人做礼宾服务，晚上在亚马逊的土耳其机器人平台上完成外包工作，这种生活能实现伊壁鸠鲁的理想吗？你有时间过“经审视”的生活吗？技术成功的目标是自由，还是上瘾？

6

机器与算法替代了艺术家

新卡默达利修道院坐落在加州大苏尔（Big Sue）地区，海拔1300英尺，没有手机信号、WiFi和所有其他电子设备。我68岁生日那天，受皮科·莱尔的一本小书《寂静的艺术：无处所去的冒险》（*The Art of Stillness: Adventures in Going Nowhere*）启发，前往这个本笃会休息寓所，让自己有时间放松一下，也是对自己的一个小小奖励。除了僧侣们的诵经声，那里什么也没有——这当然才是重点。在家里，我和任何人一样，被自己边看电视、边查电子邮件和打电话唤起些许负罪感。但我认为，我们都该扔下这些设备去度个假。在与僧侣相处的三天里，我了解到，本笃会相信生活应以五种实践为中心。

（1）祈祷：可以是任何日常的静默练习或冥想。

（2）工作：平衡生活的一部分，但并非全部生活的焦点。

（3）研究：我们阅读前人智慧的时刻。

（4）分享：意味着善待你周围的人，也意味着和朋友分享面包。

（5）更新：每周花一天时间摆脱日常关切（和屏幕），欣赏周围的自然之美。

我不是天主教徒，但发现僧侣们的处方很有帮助，它提供了一种如何在世上生存的范式。当前，过一种经审视的生活的想法，已迷失在数字热潮里。也许，对我们大多数人而言，追随僧侣、奉献社区是一种很大的牺牲，但是当我沉浸于他们那14世纪的歌曲中时，我的思绪一直徘徊在两周前南卡罗来纳州查尔斯顿发生的事件上，九名教区居民被一个叫迪兰·鲁夫的种族主义年轻人杀害。当你想到被害者的家人居然能够原谅枪手，就会对他们信仰的力量感到惊讶。团体合作和个体分裂之间的区别从未如此明显。我无法确定自己面对这种罪恶时，我的信仰能否给出如此的恩典，我敬畏地看到，它确实存在于我们栖居的恶劣政治气候里。我一直在想这种团体意识有多强大。

伟大的生物学家 E. O. 威尔逊在《社会征服地球》（*The Social Conquest of Earth*）中提出，进化会偏袒那些学会合作的人类。一些史前祖先出去打猎，其他人留下来继续生火。如果每个人都出去寻找自己的食物，狩猎回来就不会有火用于烹饪。这就是为什么我反对彼得·泰尔和他那些安·兰德式下属的观点，他们认为任何文明要生存，都必须拒绝利他主义。如今，我们这里泛滥着硅谷“在鲨鱼池里生存”的宣传——我们把那种为建立自己公司，佛挡杀佛神挡杀神、不留俘虏的企业家偶像化。生物学家弗兰斯·德瓦尔描述了安然首席执行官杰弗里·斯基林是如何摧毁自己的公司的。

> 作为理查德·道金斯基因中心进化观的公开崇拜者，斯基林模仿自然选择，用 1 ～ 5 的等级给员工打分，第 1 等级最好，第 5 等级最差。任何排名为 5 的人都被解雇，但即便获得第一等级，也会在有他或她头像的网站上羞辱。事实证明，在这种所谓“分级 + 猛拉”的制度下，人们愿意互相倾轧，这就导致一种公司文化：对内惊人地不诚实，对外无情地剥削压榨。

至少从 1995 年开始，商学院的教授们就不再认为，这种行为是奥地利经济学家约瑟夫·熊彼特的“创造性破坏”概念的自然延伸。科技经济的发展及其不断变化将创造出一种新类型的员工：短期导向，注重潜力，而不是获取知识。但是我们大多数人都像伊壁鸠鲁，甚或卡默达利的僧侣。我们需要一种生命传奇，在这种传奇中，我们以擅长某项特定的任务而自豪，我们珍视所经历的生活。

我在南加州大学的许多同事，在对待他们的工作时无疑带着对知识的崇敬，但是学生给他们施加了新的压力，迫使他们接受“创造性破坏”文化。人们期望他们一离开大学就能找到一份高薪工作。在你“正经严肃”之前，没人敢想在欧洲无事可做地游荡一年了，原因是大多数中产阶级大学生头顶上笼罩着债务的幽灵。1970 年，加州大学将本州学生的学费提高到每年 150 美元，今天本州学生的学费是 13 500 美元。学生的平均债务是 30 000 美元，毕业后要找好工作的压力陡增。正如经济学家约瑟夫·斯蒂格利茨所写：“平均而言，许多大学毕业生会在找工作上花好几个月的功夫——通常是在接受一两次无薪实习之后。他们认为自己已经很幸运，因为他们知道，他们贫穷的同龄人（有些人在学校表现更好）没钱支付一到两年的学费，而且一开始也没有去实习的关系。”至少从加州大学的角度来看，找工作就意味着投身科技领域。回到美国东部，则可能意味着在华尔街工作。实质上，我们的大学正在变成商业学校。我们荒废了人文学科和基础学科教育，是为了让学生为硅谷或华尔街工作做好准备吗？

人文学科和人性很重要，因为正如伊壁鸠鲁时代的希腊人所说，没有艺术，就没有同理心。古希腊人用“精神净化”这个词表示通过艺术来净化情感，从而带来更新和恢复。文化评论家莱昂·维塞尔泰尔指出：“艺术通过创造共情，为道德行为奠定了基础，即内在条件。”我很幸运能多次体验到这种精神净化的感觉——在布鲁斯·斯普林斯汀和鲍勃·迪伦的音乐会上，在斯坦利·库布里克、大卫·里恩和马丁·斯科塞斯的电影中。我十几岁的时候，读《杀死一只知更鸟》，心中充满乐趣。我猜，你也曾多次感受到艺术对情感的净化。但是有一段时间（也许是现在的一段时间）想要实现精神净化的愿望也只能停留在想法层面，演员发现自己面临着更多的经济压力。

哈佛大学的社会学家丹尼尔·贝尔在他 1976 年出版的开创性著作《资本主义文化矛盾》中提到，现代资本主义创造了一种自我满足和自恋的文化，最终可能导致自身的毁灭。这个想法看起来很适合用于探讨数字巡演（Digitour）。DigiTour 是六位最受欢迎的 YouTube 网红的六十城音乐巡演。2015 年，他们卖出了 220 000 多张票，大部分买家是 9 ～ 15 岁的女孩。有时候，粉丝发出的尖叫声大到保安不得不把纸巾塞到耳朵里。这当然是一种美国式的仪式，也许始于 1942 年 12 月弗兰克·辛纳特拉在纽约派拉蒙剧院的亮相。杰克·本尼评论道：“我以为这该死的建筑都要塌了。我从未见过这么大的骚动……这一切都是为了一个我从未听说过的家伙。”1956 年，猫王吸引了类似的尖叫人群，当然，1964 年，对披头士的狂热席卷全国。

但在 DigiTour 中，情况有些不同——这些“天才”根本不会唱歌或跳舞。正如 BuzzFeed 所指出的：“总的来说，演员们实际上并没有表现得那么出色。大约每场演出都会有一次这样的情况，即一个洪亮的声音说‘现在，让我们来一自一拍’，另一个工作人员则号召人群大声附和，粉丝们都乐意配合。”YouTube上最大牌的明星是PewDiePie，他比碧昂丝拥有更多的粉丝。拍摄他玩电子游戏（以及玩电子游戏的夸张反应）的视频有130亿次浏览量。这就是所谓的新天才，我确信这与精神净化或艺术在生活中扮演的任何角色都没有关系。

互联网革命本应将社会引领到一个数字民主的新时代，向所有有才华的人开放分发途径。然而，我们该如何看待一个仅在玩电子游戏上有天分的青少年呢？著名的无穷猴子定理假设，如果你给足够多的猴子足够长的时间打字，它们最终会写出《哈姆雷特》。但是每分钟上传到YouTube的400小时视频，产生了新的斯科塞斯或科波拉了吗？“更多的经济学”会不会把我们淹没在平庸的海洋中？

当然，有些人坚持认为我们生活在电视的黄金时代。但必须指出的是，通常被津津乐道的伟大节目——《黑道家族》《绝命毒师》《广告狂人》《行尸走肉》《真探》——展示了虚无主义的一种黑暗基调，也许完全符合文化理论家雅克·巴尔赞所说的堕落年代：作为生活的艺术形式似已枯竭，发展阶段业已结束，机构痛苦地运转，重复和挫折不可避免，厌倦与疲惫会形成巨大的历史合力。

现在，我的南加州大学同事亨利·詹金斯，伟大的文化评论家，对此有另一个看法，我有责任向你介绍他心目中的电视界现状：

> 我的确认为这些“暗黑戏剧”可能有一些社会学意义，因为这里最持续受质疑的是某种男子气概——总是在危急时刻出现。旧机构的权力似乎在下降，某些特权

正受到质疑，某些虚伪不再被容忍。这些故事可以被某些群体解读为他们权力的衰落，对其他群体而言则是对传统权力结构的批判。与反英雄相关的矛盾心理以两种方式表达，因此，双线叙事本身反映了当今美国梦中心的分裂和不满。

因此，这种打破所有规则并逍遥法外的反社会英雄（唐·德雷珀、托尼·索波诺）的观念占据主导地位，但詹金斯指出，还有另一套更有希望的电视流派，一套对抗男性式微的流派：

> 因此，我们有聪明的年轻女性，尤其是有色人种女性的故事，她们试图在自己选择的领域取得成功，经常成立不同类型的支持组织，经常抵制结构性种族主义，经常面对她们的自我怀疑，与狂妄自大但最终是有缺陷的所谓强大男性形成对比。此外，我们还有团队为公共利益共同努力的故事，往往面临有限的资源和模糊的道德，但在本质上，作为一个群体，她们遵循道德准则和合理的程序，得出合理的答案。

电视的黄金时代能延绵下去，这一点詹金斯可能是对的，但我仍认为对其他媒体的“赢家通吃”经济学效应，包括音乐、电影、书籍和新闻在内，早晚将击败电视业。正如FX有线网络的首席执行官约翰·兰德格拉夫所指出的：“简单来讲，电视台太多了，我们正处于泡沫晚期。”20世纪80年代中期，我曾有幸与已故的威廉·佩里共进晚餐。佩里创建并经营哥伦比亚广播公司长达50多年。他告诉我，在20世纪60年代拥有一家广播电视台就相当于有了“特许印钞机”。一个顶级节目可以在一晚上吸引四千万名观众。在2015年的最后一季，《广告狂人》吸引了170万名观众。谁知道有多少人在看《丛林中的莫扎特》（亚马逊公司获金球奖的剧集）？我猜还不到100万。一小时剧集的制作成本从未真正下降，但观众减少了80%。边际收入递减法则和一个生产激增的时代（尤其是亚马逊、YouTube和网飞）共振，最终会导致崩溃。

但是谷歌、脸书和亚马逊的行家们向我们保证，数据会阻止这种崩溃。彭博社总结了摩根大通的一份报告，写道：“谁拥有最多的数据，谁就能脱颖而出，元数据的价值将从内容分发转移到实际产品。”也许吧，但是如果把音乐行业做成样板，这将走进死胡同。正如约翰·西布鲁克在他的同名著作《歌曲机器》中指出的那样，这个行业已经变成了一台歌曲机器。西布鲁克将流行曲调的同质化归因于数据的使用，这推动了制作人走向现在流行的“音轨和钩子”[㊀]式的歌曲创作方法，尤其是在嘻哈音乐和舞蹈音乐中。

> 在一首流行歌曲中，钩子会马上出现，然后开始伴奏——以三四和弦模式反复，几乎没有变化。因为它是重复的，因此需要更多的钩子：前奏、诗句、合唱前、合唱和结尾钩子。杰伊·布朗解释到，光有一个钩子是不够的，你必须在开头有一个钩子，在副歌有一个钩子，在合唱中有一个钩子，在转折时也有一个钩子。原因是人们在换频道前，在收音机上播放一首歌的平均时间是7秒，而你必须在这么短的时间里“钩住”他们。

㊀ 音乐术语，是指一首歌曲中最抓人的部分，类似于相声里的“包袱”。——译者注

当下，如果主要唱片公司愿意把更多来自歌曲机器的收入投入到培养新人才上，而不是制造更多由标准流水产品线出品的流行音乐，我们也许会发现自己活在艺术复兴的时代。描写文艺复兴的雅克·巴尔赞指出，多产的创造力在历史上出现的时间相对较短，很快就消失了。所以也许我们正处于一个创造性的间歇期——在这个间歇期，机器已经取代了艺术家的位置。另一场文艺复兴即将到来。

7

我所经历的美国电影黄金时代

我很幸运能和鲍勃·迪伦、The Band 乐队、乔治·哈里森一起，生活和工作在 20 世纪 60 年代音乐行业的几个文艺复兴时刻。从 1974 年开始，我一度在好莱坞担任制片人，当时由马丁·斯科塞斯、弗朗西斯·福特·科波拉、乔治·卢卡斯、史蒂文·斯皮尔伯格和保罗·施埃德等年轻电影制作人组成的改革者团体，对重拍电影既有“狂热的兴趣”，也有竞争的欲望。在旧好莱坞眼里，这是疯子们接管了精神病院，一种非凡的创造力占据了统治地位。这一切持续了大约六年，然后律师们再次控制了局面。但在此期间，拍出了许多辉煌的电影：《教父》《美国风情画》《陆军野战医院》《纳什维尔》《出租车司机》《大白鲨》《五支歌》《洗发水》《最后一场电影》《穷街陋巷》《法国贩毒网》和《穷山恶水》，这些只是几个例子。我们这些参与美国新浪潮的人将永远珍惜那段岁月。到 1980 年，音乐和电影行业都已转型，形成以迈克尔·杰克逊的尖叫和乔治·卢卡斯的《星球大战》为代表的大片模式。似乎棒球队的整个阵容都需要打出本垒打，而无须一垒二垒。

是什么造就了这样非凡的时期？最初，这紧随着崩溃而来。20世纪60年代，电影行业由五个家族企业主导，它们只从事一个行业——电影的制作和发行。华纳兄弟公司归杰克·华纳所有，20世纪福克斯公司由扎努克家族控制，哥伦比亚影业由施耐德家族管理，联美公司归亚瑟·克林所有，派拉蒙公司仍然由90多岁的阿道夫·祖科控制。随着电视越来越成功，电影观众的数量持续滑坡。到了20世纪60年代早期，电影业陷入危机。为了吸引观众，电影公司制作了一系列奇幻剧和音乐剧。虽然这些电影在票价上和标准电影相差不大，但制作成本要贵得多。像《埃及艳后》《长征万宝山》《莫莉·马贵》和其他一些电影都成为巨大的票房灾难。到1969年，大多数电影制片厂都摇摇欲坠。在混乱中，一个名叫伯特·施耐德的年轻人说服了掌管哥伦比亚影业的哥哥斯坦利给他36万美元，这样他就可以拍一部嬉皮士摩托车公路电影了。《逍遥骑士》于1969年初发行，彻底改变了这个行业。这部电影的总票房超过6000万美元，投资回报率非常高。于是，每个濒临破产的电影制片厂都开始寻找那种能以不到100万美元拍电影的新锐导演。

理所当然从电影学院找起——纽约大学、南加州大学和加州大学洛杉矶分校都榜上有名。这些在学校接受教育的年轻人（几乎都是男性）对导演的角色有着与仍然掌管电影制片厂的旧派大亨们截然不同的看法。年轻人们接受了欧洲新浪潮导演（如弗朗西斯·特吕弗、让·吕克·戈达尔、费德里科·费里尼和英格玛·伯格曼）的理念。在欧洲，导演是一部电影的主宰者，法律上和精神上都是如此。《逍遥骑士》成功后，电影导演丹尼斯·霍珀获得了终剪特权，即有权决定在向公众发布的电影版本中留下什么和剪掉什么，在伯特·施耐德的公司，这已经成为标准程序，接着制作出了鲍勃·拉菲尔森的《五支歌》和彼得·博格丹诺维奇的《最后一场电影》。所有这些都要求有一个对新型电影制作人的需求敏感的新型高管。为华纳兄弟拍摄《雌雄大盗》的阿瑟·佩恩讲述了一个老杰克·华纳试图理解新一代的故事。这部电影的主演和制片人沃伦·比蒂、佩恩一起去杰克·华纳家中为他放映。在开始放映之前，华纳说：如果他中途起来撒尿，说明这片子很烂。二十分钟后，华纳起来去了趟厕所。放映结束后，他转向佩恩和比蒂说："这是什么玩意儿？我就没看到好人？"他不喜欢这部电影，但已经投入了250万美元，他允许比蒂面向艺术电影院发行这部电影。这意味着该片能在一些一线城市影院上映，期望获得评论家的关注并赢得口碑，引起人们对这部电影的注意。佩恩和比蒂得到了影评家的大力支持，华纳的250万美元投资得到了7000万美元的票房回报。

从经济萎靡中短暂缓解，华纳得以出售给了七艺（Seven Arts），而后又卖给金尼国家服务公司（Kinney National Services）的老板史蒂夫·罗斯，这是一家做停车场和门卫生意的企业。罗斯很聪明，他认识到需要一种新型经理来经营创新业务。他聘请了经纪人泰德·阿什利和制片人约翰·凯利来经营华纳兄弟影业。在许多方面，凯利都遵循着莫·奥斯丁的模式，后者为罗斯经营华纳兄弟唱片公司。唱片从业者称之为A&R模式，即艺术家和曲目。这是你必须注意的。让艺术家保持愉悦，以保证歌曲和剧目呈现出最优秀的品质。例如，马丁·斯科塞斯和我与约翰·凯利会面的前半个小时，一直在谈论米勒·戴维斯，他刚买下了我们的电影《穷街陋巷》，这是我们三人共同感兴趣的话题。凯利的办公家具里有两个长绒革面沙发，围绕着Eames休闲椅和垫椅，凯利就坐在那儿——在这里你看不到一张桌子，这样的布置意图淡化等级，显然它奏效了。我们离开凯利的办公室时，有种被秘密社团接纳的感觉。

对艺术家友好只是做成事情的一个方面。真正的秘方是节制。我提到的大多数与这次艺术复兴有关的电影的制作费用大约为100万美元。甚至那个时代的史诗级影片《教父》也只花了600万美元。对比10多年前拍摄的电影《埃及艳后》花费了3700万美元（考虑到通胀因素),《教父》对派拉蒙而言绝对是赚大了。权衡取舍是在预算限制下的艺术自由。几乎不再有导演有最终剪辑权，因为要求制片厂给你1亿美元，然后告诉它们对电影没有发言权，这样的想法过于苍白，即便对最自负的好莱坞亦然。因为20世纪70年代的预算更少，艺术家有更多的自由，电影不可避免地进入了政治、性和权力领域，而不仅是奇幻宇宙中超级英雄的权力。对于生于约翰·肯尼迪、马丁·路德·金和罗伯特·肯尼迪被刺和避孕药泛滥时期的人，更不用提越战一代，这类电影当然深具启发性。

在文化边界以低预算创作的艺术家，通常会推进艺术发展。奥逊·威尔斯拍摄《公民凯恩》的预算只有80万美元，而之前米高梅公司在电影《乱世佳人》上豪掷了近400万美元。众所周知,《公民凯恩》推动了艺术进步，是一部更伟大的电影。大型工作室几乎已放弃了那些边缘艺术家的抱负，它们的资本和思想现在都集中于“特许经营”模式——可不断复制的漫画被公式化地拍成电影，这只需要一个交警而非一个导演。

从1969年到1979年这短暂的10年间，最了不起的是共治，我们沉浸其中，彼此分享。电影学院一代彼此阅读对方的剧本，给出选角建议，坐下来一起看初剪的样片。当然，这里有对手，但更重要的是有相互支持。弗朗西斯·科波拉看完《穷街陋巷》的粗剪版本后，向贝纳尔多·贝托鲁奇（意大利导演）建议，在《1900》里用罗伯特·德尼罗做主演，告诉艾伦·伯斯汀在电影《再见爱丽丝》里用马丁·斯科塞斯，以及在《教父Ⅱ》里用罗伯特·德尼罗。保罗·施埃德去看了提前放映的《穷街陋巷》后，立刻打电话给刚因为影片《骗中骗》获得奥斯卡奖的麦克·飞利浦，告诉他斯科塞斯和德尼罗是他《出租车司机》新剧本的最佳人选。

从20世纪20年代路易斯·阿姆斯特朗和查理·卓别林的出现，到1980年大片的到来，这个美国的非凡时代是否代表着一个不会再来的、长期的文艺复兴？1998年，当美国电影协会第一次发布“有史以来最伟大的100部影片”的名单时，只有13部是1980年后拍的，我并非怀旧之人，只是指出这种变化。也许亨利·詹金斯是对的：20世纪70年代在美国电影新浪潮中举足轻重的新现实主义已经转入了电视。而电视也衍生了一个现实的时代，在其中卡戴珊和特朗普可以压倒一切文化创新。

8

远离技术决定论，回归人性与艺术

1970年，诺贝尔经济学奖获得者乔治·阿克洛夫发表了一篇论文，帮助我们了解脸书、YouTube和谷歌的媒体商品化效应对文化的作用。这篇论文名为《“柠檬市场”：质量不确定性与市场机制》，阿克洛夫说，当你买二手车时，你谈判的立场总是基于预设的最糟糕的情况，这就像柠檬。即便有一辆相当好的二手车，卖方也总是输家。没有人的出价会超过平均质量对应的价格。在宽带通信世界里，广告支撑媒体的典型消费者就像二手车买家一样：他们假定内容不过是均值产品，于是不可避免地导致了克里斯·安德森在他的《免费：商业的未来》一书中所声称的对公司生存至关重要的一种商业策略——把东西给出去。如果我要看的YouTube视频免费，那除了观看时间，我一无所失。我可以当它是柠檬，或者几乎毫无价值。在一个YouTube、谷歌和脸书将所有内容都视为商品（也是一种达到目的的手段）的世界里，它在公众心目中贬值并不奇怪。我认为，将艺术和随机上传的内容并列的虚假民主，是导致很多人认为艺术容易制造，因此毫无价值的原因。正如詹姆斯·德隆所说，即使谷歌的内容供应商都像涸泽之鱼苟延残喘，谷歌也能继续保持良好状态。

曾几何时，像保利娜·凯尔或格雷尔·马库斯这样的评论家可以帮助我们驾驭这种信息不对称，推动人们对他们认为有质量的工作产生兴趣。音乐、书籍和电影大片的霸权让营销人员绕过了评论家，使后者几乎与这一过程无关。你认为迈克尔·贝的《变形金刚》的制片人会花一分钟来担心评论家吗？不要混淆我所说的评论家和为“烂番茄”投票的网民。伟大的评论家保利娜·凯尔是我深为信任的人，她不是处理两万条关于电影的评论的算法。她对每部电影都进行评论，无论她喜欢还是讨厌。每一部艺术作品都有存在的理由，通过倡导好的东西，她使我们成为更好的电影人。相比之下，莱昂·维塞尔泰尔断言，目前的批评都是为了“拿捏”，做个明智的评价然后都其抛诸脑后，这种方式既不能体现对信仰的渴望，也不能表达坚定的立场。互联网促成了这种拿捏。整部电影只发一条推特就算评论了，这太容易做影评了，因为用 140 个字符描述最新的《变形金刚》就行，但我恐怕无法用这样的方式描述《大空头》和《聚焦》这样的影片。漫画电影甚至是 PewDiePie 在 YouTube 上发布的新的短视频背后的原理是，互联网上的一条推特或一条 30 秒长的广告足以告诉你所需知道的一切。

因此，面对像 YouTube 这样的平台内容的商品化现状，我想重申艺术的重要性。人们总觉得，艺术、政治和经济存在相互不可分割的共生关系，但历史已经证明，艺术能对机构失误做出有力纠正。在一种制衡系统中，尽管艺术依赖于强大的经济和政治制度所提供的社会结构，但艺术家可以激励文化向前发展，拒绝贪婪和偏见的罪恶，与人类的根源重新连接。这种能力无法赋予计算机算法，尽管 Veritas（一家销售“信息管理解决方案”的公司）在《纽约时报》的一段“付费内容”中声称：

> 林恩（Piedmont 媒体研究所的约书亚·林恩）和他的团队被各大制片厂聘请，在小范围观众群体中测试新的电影桥段。他们先列出数百种对已成文的影片桥段的反应，林恩称之为“几乎就是我们对预告片的文字描述”。然后对这些反应进行分析，以产生该公司所说的消费者投入计分——从 1 到 1000，显示了受众对一个影片桥段的满意度，并按年龄、种族、地理位置和其他因

素分列。林恩说，这个方式对好莱坞大片热度的预测精确度可以达到89%。

这当然是一派胡言，但它也许说明了为何我们的电影屏幕充斥着雷同的漫画英雄电影。你想怎么叫就怎么叫吧，但它不再是电影艺术。

寻求政治变革、经济变革的人应该考虑拥抱艺术。作为公民，我们有一部分责任是，更仔细地审视周围的媒体，批判性地思考其影响，特别是，谁的观点得到宣传，这个观点是否适合我们。2011年在英国电影和电视艺术学院，编剧查理·考夫曼（《成为约翰·马尔科维奇》《改编剧本》）发表演讲，他的发言简单而深刻：

> 全世界的人每周都要花无数的时间在电影、电视、报纸、YouTube视频和互联网等娱乐上。认为这种填鸭不会改变我们的大脑，简直是荒唐。
>
> 同样荒唐的是人们相信，至少这种大规模的干扰和操纵对负责的人并不方便。人们在“挨饿”，但他们可能没有意识到这一点，因为他们被大规模生产的垃圾所投喂。色彩靓丽的包装哗哗作响，这些和生产果酱馅饼与iPad并无二致，一样是由工厂里的人制造的，而那些人想的是“还能做什么，才能卖出更多”。
>
> 他们对这项工作很在行。但这就是你得到的，因为这就是他们制造的，他们把东西卖给你，而整个世界就建立在这一点上。公司建立在此之上，人际关系也建立在此之上。而我们依旧饥饿，我们所有人相互厮杀，彼

此憎恨，称呼彼此为骗子和恶魔。因为一切都变成了营销，我们想赢，因为我们孤独、空虚、害怕，我们被引诱着相信只要我们赢了，就能改变一切。但是，没有胜利！

在他的著作《娱乐至死》中，尼尔·波兹曼对两种中世纪对未来的观点做了比较：《1984》中乔治·奥威尔的观点和《美丽新世界》中阿道司·赫胥黎的观点。虽然奥威尔的反乌托邦式噩梦可能更加有名，以我之见，赫胥黎的观点更符合我们当前的情况。下面是波兹曼观点的精彩总结：

> 奥威尔担心的是那些禁书的人，赫胥黎担心的却是没必要去禁止一本书，因为没人想读书；奥威尔担心那些剥夺我们信息权利的人，赫胥黎担心的是信息过载让我们沦为被动的受众和利己主义者；奥威尔担心我们会被隐瞒真相，赫胥黎则担心真相早已淹没在无关紧要的海量信息中；奥威尔担心我们成为文化俘虏，赫胥黎担心的则是我们会形成一种碎片式的文化，只关心一些浮华与喧嚣的东西。

赫胥黎的断言是，技术将导致被动。如此轻松就可以消费乏味的娱乐和消遣，终将腐蚀我们的民主。而这正是可能发生的事情。根据美国选举项目的数据，2016年的美国总统选举中，有资格投票的9800万公民拒绝行使这一特权。而更多的千禧一代是非选民。正如凯文·德鲁姆在《琼斯母亲》（Mother Jones）中所报道的：“1967

年，最年轻和年龄最大的选民之间几乎没有什么区别。到1987年，差距已经出现，到2014年，这一差距已成为一个鸿沟。”尽管我们可以强调科赫兄弟数十亿美元投资对政治进程的有害影响，但如果半数美国选民认为投票是浪费时间，我们就需要理解民主的失败之处。如果这些年轻的非选民大多活跃在社交媒体上，那么脸书至少难辞其咎。在赫胥黎的世界里，吸毒、去“感官沉浸”（相当于iMAX电影）、玩互动游戏、下载色情片充斥着市民的生活。他们没有时间关心政治，甚至没时间去想为什么他们的视野如此狭窄。参加Digitour的孩子们将直接融入《美丽新世界》的剧情。源自互联网的无处不在的观点具有惊人的能力把我们的注意力转移到琐碎的事情上，限制我们的选择。搜索引擎和推荐引擎不断地推送最流行的选择，让我们的视野越来越窄。

我在这一章的开始，就想探讨技术是否剥夺了我们的一些基本人性。谷歌的首席技术专家宣称，技术将“允许我们超越生物学身体和大脑的限制”。在奇点之后，人和机器将没有分别。但杰出的散文家马克·格里夫指出，每当你内心的疑问驱使你说，此刻，我们必须问自己，我们从根本上是谁，我们的解决之道必然在于我们自己和人性的新图景，这是我们的责任、一个新的机会，这时，请先停下来。

这正是我的建议：让我们停下来考虑抵制技术决定论的策略。几乎所有历史学家都会告诉你，革命的发展程度往往超出人们的预料。

数字革命也不例外。

第十二章

数字化复兴

不是忙着生，就是忙着死

——鲍勃·迪伦

1

艺术与人文，回归万维网初心

如果互联网始于去中心化与平权，为何我们回不到那个起点？我并不奢望这是个轻松的过程，我也没有正确的策略。我不试图解决更宏大的问题，比如机器人和人工智能会不会导致一个普遍失业的世界，那个话题本身就得用一本书来讨论。我提议政策制定者探讨一下“基本收入”这个任何一方都支持的概念。在我看来，忽视软件会“吞噬世界”这样的反乌托邦可能性，显然是不明智的。仅仅因为一些技术乐观主义者坚持认为旧工作将被我们无法想象的新工作取代，也并不意味着他们所言是真的。

谷歌的AlphaGo人工智能已经击败了世界上最强大的围棋棋手，但我并不担心它会取代人类最伟大的音乐家、电影制作人和作家，即使纽约大学人工智能实验室已经编写了一个名为“本杰明”的机器人编剧程序。虽然你相信机器人能够胜任大部分工作，但麻省理工学院的安德鲁·麦卡菲和埃里克·布莱恩约弗森也指出，理解和解决快速技术进步带来的社会挑战，仍是机器无法越俎代庖的事情。我问自己，这对人类意味着什么，我认为拥有同理心和讲故事的能力很重要，而且并不担心这些技能会被人工智能取代。伟大的艺术家激励人们的能力（特别是迫使他们思考和行动）是政治和文化变革的核心。这就是我们讲述自己故事的理由。柏拉图告诉我们，我们不应期望艺术和人文科学被目标所驱动或支配。事实上，文化的一部分长期使命恰恰是为了批判这些目标。

在本书的开始，我写到一些计算机科学家，例如艾伦·凯，他与许多艺术家合作，把施乐的奥托（Xerox Alto）开发成为一种“赋能艺术家个体”的工具。但不知何故，在接下来的几年中，艺术家们退居到程序员们的身后。因此，我们需要技术和创意社区再次合作，重塑互联网。如果回归蒂姆·伯纳斯–李描述的万维网初心，我们将走上正轨。2014年，面对无比集中化的互联网强权，伯纳斯–李表达了他对谷歌和脸书“近乎垄断地位”的担忧。他的希望是通过不断“再次去中心化”的网络，为下一代技术、商业和社会创新者松绑。这需要的法律和业务创新正是我们所关注的。

2

流媒体经济挑战零边际成本与大数定律

2001 年 8 月，怀俄明州，在联邦储备银行年度杰克逊霍尔研讨会上，财政部前部长劳伦斯·萨默斯和加州大学经济学家布拉德福特·德隆发表了一篇关于信息经济的经济政策的论文。他们从数字经济学的基本事实开始，假设价格等于边际成本，信息商品的社会和边际成本分配趋近于零。边际成本意味着生产一个单位商品的成本。一旦一首歌出现在 Spotify 服务器上，销售下一个音频流的成本为零。但这里存在悖论：

> 如果信息产品以零边际生产成本来分配，它们就不能由企业来创造和生产，这些企业依赖销售给消费者的收入来支付其固定配置成本。如果要创造和生产信息产品…… 企业必须能够看到向某人出售有利润的产品的前景。

在这种零边际成本经济中，赚钱的唯一方法是从用户那里榨取消费者数据并将其出售给广告商。在创意经济中，制作高质量音乐、视频、书籍和游戏的固定成本在这个等式中并没有被考虑。音乐家、记者、摄影师和电影制作人如何在零边际成本经济环境中生存？为了让媒体经济继续下去，我们不得不想办法应对萨默斯和德隆所指出的两难处境。

如果零边际成本是第一个经济事实，那么大数定律就是第二个事实。在安纳堡创新实验室，我们相信，到 2018 年，全球会有至少 50 亿个连接互联网的移动设备。如果这是真的，并且你能以 1% ～ 5% 的市场价格出售流媒体电影，那么意味着该电影的平均收入为 2.5 亿美元。这就是大数定律。

要了解在其他市场中的表现如何，请和我一起尝试一个小思维实验。根据美国劳工统计局的数据，1998 年美国 25 岁以下人士的电影、活动和其他娱乐的平均开支为 393 美元（根据通货膨胀调整）。到 2012 年，由于 YouTube、盗版网站和社交媒体提供的那些免费娱乐活动，这一开支已降至每年 249 美元。因此，假设这 50 亿移动用户中最富有的 10% 按 1998 年的青少年开支水平——每月 28 美元消费，这将带来每年约 1700 亿美元的收入。然后假设接下来 40% 的移动用户每月花费 10 美元——基本上是网飞用户，那么每年会产生 2400 亿美元的收入。最后，假设最贫穷的 40% 的用户免费获得一些内容，以换取每月价值 5 美元的广告，那么每年会额外增加 1200 亿美元的收入。这意味着移动设备上的媒体和娱乐经济每年将达到 5560 亿美元。假设囊括全部门类的全球媒体和娱乐经济收入只有 1.3 万亿美元，可以看到，如果我们能弄清楚如何确保内容创作者得到物质奖励，那么未来还是光明的。

对于媒体经济而言，除了前面提到的有关广告、巅峰内容和“赢家通吃”等概念，零边际成本和大数定律的影响也是深远的。我可以想象一个不超过四十个“线性”频道的电视体系，主要由体育直播和新闻台组成。剩下的带宽交给大量的按需选择的互联网视频内容，配备高效的搜索和推荐工具。几乎所有我们现在认为的电视内容都将按需提供。这意味着互联网垄断者也可以控制电视产业。

但它也提出了一个更大的问题，即在将广告费用付给谷歌和脸书的世界里，互联网视频内容如何收费。Kalki 研究所对在线广告的未来抱有令人生畏的看法：

> 在线广告市场已经饱和，已经没有发展空间。传统的广告空间过于拥挤，并随着互联网用户使用广告拦截器而开始缩小。
>
> 管控和规范并不存在，很大一部分广告支出被偷支，这是显而易见的。客户越来越意识到这种广告欺诈现象的存在。每一个新的欺诈丑闻都带来客户缩减在线广告支出的风险。整个生态系统有可能在一夜之间从增长转向衰退，在 2000 年至 2001 年发生的情况会再次出现。

如果目前确实有两亿人在使用广告拦截器，而电视和网络之间的差别在消融，我们就该重新思考如何为内容付费。伯纳斯－李有个主意，他告诉《纽约时报》："对网上大多数人而言，广告是唯一模式。人们认为，今天的消费者必须与营销机器达成交易以获取"免费"的东西，即便他们会对发生在他们数据上的事情感到震惊。让我们想象一个双方都很容易买单的世界。伯纳斯－李设想了一种微支付系统，可以让你轻松地为 15 美分内容做一次移动支付。但在此发明之前，我的猜测是，最有效的模型将是为你所见进行订阅的模式，这和现在你支付有线电视或电话公司费用的模式没什么不同。从本质上讲，运营商将在固定和移动宽带上捆绑这些服务。由于一切都将通过互联网发送，实际输送和电视基础设施的成本将大幅下降，因此更多的资金可以流入内容创作方面。但要做到这一点，当前互联网权力的结构必须改革。

互联网管理的基本法于1998年通过，那时下载电影需要4小时，下载歌曲需要20分钟。这些法律可能在宽带来临前的时代有意义，但今天没有人可以有效地监控侵犯版权的行为。我们应该从易于变革的法律开始，逐渐向上改变更艰难的方面。最好从音乐行业开始——这是第一个被数字革命摧毁的行业。在一次采访中，伟大的音乐经理人欧文·阿佐夫（老鹰乐队）说明了这个问题：

> 很明显，流媒体经济学并没有帮助创作者。而且，当克林顿总统签署意味着“安全港”的法律——《数字千年版权法》时，我认为科技公司并未试图以它们目前的方式躲在后面。
>
> 我们这些音乐界人士没有足够的资源通过法律手段来抗衡这些大型科技公司。最好的办法是改变法律。

正如阿佐夫所言，让谷歌、YouTube、推特和脸书躲到背后的“安全港条款”需要做出改变。每一个试图把自己的作品从侵权网站中删除的艺术家都知道这个问题。作品的合法所有者提交删除通知，侵权网站暂时删除文件，然后用户使用不同的URL重新发布相同的作品。这种猫捉老鼠的游戏最终导致侵权内容总会存在于网上某处。根据美国现行法律，这一程序是完全合法的，它被每个盗版网站（以及YouTube）利用，以避免被起诉。2016年的前12周，谷歌收到2.13亿条需要删除的链接申请，比2015年同期增加了125%。我们需要起草一个修正案，规定一旦收到删除材料的请求，网站必须承担责任，保证内容下线或响应一些倡导者呼吁下架，即永久从系统下架。谷歌抱怨说，从技术上很难做到这一点，但我们知道，谷歌拥有自动化工具，完全能够做到。

谷歌和 YouTube 提前预想了内容创作者赢得斗争的可能，它们允许用户在 YouTube 上发布任何内容，并援引合理使用原则，该原则允许有限使用受版权保护的内容，而无须获得权利持有人的许可。当地的电视台基于合理使用原则，可以播放由另一家网络录制的足球集锦视频。当你在 YouTube 上发布内容时，即使它是整首歌，即使你没有选中“我拥有这个内容”的复选框，你也可以选中“合理使用”的选项，然后将内容上传。谷歌已经明确表示，它将增加对用户社区的法律支持，以便他们能够保护自己免受侵犯版权的指控。

学术界和其他一些依赖于引用他人工作成果或至少使用他人部分作品的人，非常清楚所谓合理使用确实存在限制。不能使用了整个作品还能声称合理使用。音乐家和电影制作人可以依靠 YouTube 目前上线的内容甄别系统，但几乎没人用它来处理每一项撤档和索赔案例，这些案例都宣称合理应用。华纳音乐集团在向版权注册署提交的文件中表示，据估计，华纳至少需要雇用 20 ～ 30 个全职工作人员，并在每年支付超过 200 万美元，其中包括内容监控外包的额外费用，才能使 YouTube 上只有华纳最好的 25 张专辑的内容。

解决这个问题的办法相当简单。国会图书馆应发布一套准则，以确定正当使用的精确定义。在学术界，它通常意味着视频或音频剪辑制品不能超过 30 秒，并且包括在某些转意作品（如混音或混搭）的上下文中引用。南加州大学使用的描述非常明确：

> 未经许可的使用是否“转换”了从受版权保护的作品中获取的材料，将其用于与原作不同的目的，或者它只是以与原始作品相同的意图和价值重复该作品？国会将发布关于正当使用的指导方针，当 YouTube 用户上传内容 ID 标识为被版权所有者禁止剪辑的作品（确保正当使用）时，该剪辑将发送给 YouTube 的人工筛选程序进行评估。这与 YouTube 屏蔽色情视频的方式相同。如果剪辑不符合国会图书馆的准则，它将保持禁止状态。

我们需要应对的第二个行政法涉及联邦贸易委员会，该委员会负责监管互联网广告和数据收集。由于谷歌和脸书主要从事广告和数据收集业务，联邦贸易委员会实际上是最重要的监管机构。过去，当联邦贸易委员会审查谷歌的广告业务时，它回绝了一些消费者提出的关于谷歌收取垄断租金的指控，因为谷歌控制了 78% 的搜索广告业务。联邦贸易委员会的理由是，谷歌 AdWords 是按拍卖来运作的，所以无法设置溢价。但是，正如谷歌在自己 AdWords 博客中所指出的，即使是给定关键字的唯一出价者，关键字的最低点击费用（每次点击成本）与该关键字的竞争对手数量无关。谷歌设置了广告商要达到的最低阈值，这样它们的广告才能展现。因此，通过设定最低出价，谷歌显然能够收取垄断租金。

但在数据收集领域，谷歌和脸书打算进行坚定的对抗。与欧盟相比，联邦贸易委员会在这个问题上完全保持沉默。欧盟提出了个人对其数据控制程度的问题，从脸书上的图片到谷歌存储的网络搜索和冲浪习惯数据。欧盟希望允许个人删除其数据，否则互联网公司会通过有针对性的广告来存储这些数据，并从中获利。鉴于谷歌存储了用户的完整搜索历史记录、位置历史记录、购买数据、人口统计资料、日历和联系人，因此联邦贸易委员会应考虑设置一个默认选项，询问用户是否同意数据共享。

此外，联邦贸易委员会还需要调查广告欺诈问题。下面是问题的范围：

- 多达 50% 的发布商流量是机器人活动——来自自动计算程序的虚假点击。
- 机器人欺诈占平面广告的 11%，视频广告的 23%。
- 2017 年数字广告消费了 438 亿美元，其中 63 亿美元基于欺诈活动。

那么由谁为这 63 亿美元欺诈点击买单呢？首先，广告商会支付费用，然后它们把成本转嫁到消费者身上。当然，对于谷歌和其他互联网广告平台，这不是它们的问题，这早已内置于它们的商业模式中。但是，与这个问题的每个部分一样，解决问题需要的能力并不复杂。如果像 White Ops（现更名为 Human）这样的公司都能够分辨出机器人视角和人的视角的区别，那么谷歌也可以。安纳堡创新实验室发现了这一点，当时我们发布了一份关于广告交换的报告，该报道将多余的广告库存发送到盗版网站做“清算”。在被评为最差违规者后的几个月内，谷歌就阻止了大部分广告登录这个网站。

3

AT&T、自然垄断与谷歌

垄断作为美国资本主义化身的想法，正中蒂姆·伯纳斯-李“再次去中心化”愿景能否实现的核心。在我看来，罗伯特·博克的观点认为，反垄断的想法中唯一重要的利益相关者是消费者，这与美国人对于大企业的作用（从国家的基础到罗纳德·里根选举）的每一个信念都背道而驰。凯文·德鲁姆在《琼斯母亲》中指出：

> 如果我们想要一个更有活力的经济环境，就应该放弃保护大型、笨重的老牌企业。我们最应该关注的是确保充分的竞争，而不是参与有关消费者福利的毫无意义的争论——这一概念本质上是模糊的，而且很容易被那些公司聪明的法律团队利用。为实现这一目标，反垄断法需要回归到更根本、更天然的目标，即防止公司变得过于庞大并处于绝对统治地位。

显然，托马斯·杰斐逊和詹姆斯·麦迪逊认为，控制垄断的威胁对民主来说是如此重要，以至于“免于垄断”应该出现在“权利法案”中。随着工业革命后商业力量的增强，20 世纪初的核心斗争就是打破垄断——共和党人西奥多·罗斯福和威廉·霍华德·塔夫脱以及民主党人伍德罗·威尔逊共同进行的一场战斗。同样重要的是，我们在信息时代发现“自然垄断”通常是实现网络有效性的理性方式。这幅 1895 年纽约街头风貌的图片（见图 12-1）展示了为什么有时候自然垄断确实有道理。

显然，电话和电报网络的激增（没有一个支持互操作）是一种“公地悲剧”。没有发生网络效应——这使网络本身几乎无用。解决方案是两家公司——AT&T（当时称为贝尔系统）和西储联盟为巩固行业地位，收购所有小型运营商并形成自然垄断。到 20 世纪 20 年代，只有一家电话公司、一家电报公司，每个家庭只有一条通信线。当然，政府通过联邦通信委员会监督这些垄断。贝尔系统对其价格进行了监管，并要求将固定比例的垄断利润用于研究和开发，这对整个社会都有利。

图 12-1　1895 年纽约街头的风貌

1925 年，AT&T 成立了独立运营子公司的贝尔实验室，不仅要开发下一代通信技术，还要开展物理和其他学科的基础研究。在接下来的五十年中，晶体管、微芯片、太阳能电池、微波发射器、激光器和蜂窝电话，以及无数我们现在认为理所当然的很多事物都由贝尔实验室发明出来。贝尔实验室的科学家获得了八项诺贝尔奖，它是历史上最富有成效的研究机构。事实上，数字时代的大多数成就都依赖于贝尔实验室的发明。在1956年的司法部允许AT&T维持电话垄断的同意令中，美国政府做出了巨大的让步。正如荣·戈特纳在他的著作《创意工厂：贝尔实验室和美国创新的伟大时代》（*The Idea Factory*: *Bell Labs and the Great Age of American Innovation*）所解释的那样："电话公司同意将其现在拥有的和将来拥有的美国专利许可公开给所有美国申请人且对时间或使用的用途都没有限制。"对于过去的专利，可以得到免版税的许可；对于所有未来的专利，以少量费用就可获得许可。政府做出这项决定是因为它认为电话系统是一种公共事业。

AT&T的补偿措施能否适用于谷歌这样的自然垄断？首先让我们来讨论"公共事业"的定义。谷歌提供的服务是否成为市场核心的核心，从而进入公共事业领域？在谷歌针对作者协会的将3万本图书数字化的重要案例中，法官丹尼·秦表示，该服务提供了"显著的公共利益"，尽管只有谷歌从中获利。因此，如果有人认为谷歌垄断并且需要签订同意令，贝尔实验室模式是否有效？

似乎这样的许可计划完全符合谷歌所说的"不作恶"的企业理念，并可能催生许多新公司。但是，谷歌对专利的使用经常越过界限。它在2012年被美国联邦贸易委员会谴责，因为它声称一些依赖行业标准技术的设备侵犯了谷歌摩托罗拉移动部门所拥有的专利，因此要阻止美国引入微软和苹果的智能手机。美国反垄断研究所主席伯特福尔表示："反垄断监管机构采取了强硬的态度，它们已经认识到，未能遵守标准的必要专利承诺需要得到比过去更严厉的待遇。”当然要想使我提议的补救措施奏效，一些政府机构需要发起谷歌反托拉斯案。正如我所指出的，谷歌似乎拥有几十年来所有公司中最成功的监管干预战略。在2016年大选之后这是否会改变是所有人都不确定的，但它可能只需要来自州检察长而不是联邦政府，这似乎已经完全验证了罗伯特·博克的反托拉斯理论。

4

竞争故事：打破宽带双寡头的未来

数字化未来还有一个方面令人不安：互联网带给我们的宽带业务缺乏竞争。由美国联邦通信委员会阻止的最大和第二大宽带提供商（康卡斯特和时代华纳有线）的拟议合并，其中就涉及一家控制着美国全部高速宽带40%市场份额的提供商。对于通常被动的联邦通信委员会，即便这事八字还没一撇，也足以让人担忧。康卡斯特曾提出，由于每家公司在其所服务的有线电视市场中都处于实际垄断地位，它们的合并不会改变个人消费者的竞争环境。虽然宽带双寡头——一家电缆提供商和一家电信公司——确实是大多数主要市场的标准，但这不值得称道。这种情况意味着我们的宽带服务速度慢，并且价格高于世界上几乎任何发达国家，我们在采用光纤技术方面也落后于21个国家，如图12-2所示。

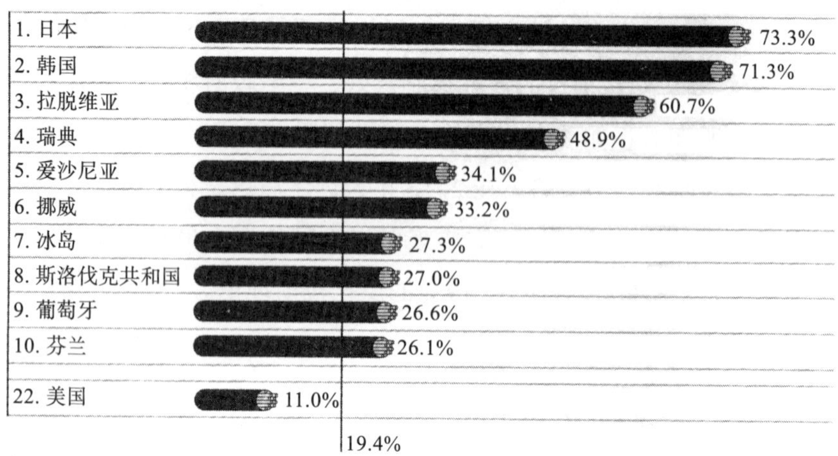

注：光纤用户包括 FTTH、FTTP 和 FTTB，不包括 FTTC。
资料来源：经合组织

图 12-2　部分国家采用光纤技术比例的对比

自 2013 年以来，在安纳堡创新实验室，我们有机会看到真正的高速宽带的样子。我们不必前往韩国首尔体验未来，我们前往田纳西州的查塔努加，在那里就可以通过电力委员会（EPB）的光纤网络以每秒 1000 兆比特的速度测试应用。电力委员会是一个市政公共事业公司，现在该公司正在部署每秒 10 千兆比特的服务。这个故事将我们指向一个可能不再需要担心宽带双寡头的未来。

几年前，大众汽车公司向查塔努加市的市民们表示，它希望在这个城市建造一座高科技车厂。只有一个问题：这个城市坐落在龙卷风谷地的中间，每年在暴风雨期间，都会发生几次断电事故。由于该工厂将是高度机器人化的，电力中断是一个大问题。因此，环保局承诺建设一个智能电网，当一棵树落在弗林街的电线上时，只有弗林街会受影响，因为智能电网会绕开故障供应电力。

于是，环保局建造了智能电网，大众汽车公司建造了工厂，工厂也没有停工。但是，当电力委员会把光缆串接到镇上每根灯柱上，EPB 意识到每根灯柱离公司可以销售宽带服务的家庭还不到一百英尺，而这个城市至少有 5 万个家庭。康卡斯特，作为地头蛇，试图在田纳西立法机构起诉电力委员会。只要电力委员会开始宣传“查塔努加市最快的宽带”，康卡斯特就给该公司法律禁止令信件，暗示如果线路上只有一个用户，它自己的网络可以以每秒 100 兆比特的速度提供服务。因此，电力委员会将其服务提高到每秒 1000 兆比特，这下子禁止令失效了。现在，电力委员会正在凭借其每月 70 美元的计划赢得市场份额，该计划为消费者提供每秒 1000 兆比特的宽带速度以及电视服务。康卡斯特则不断失去其老式有线宽带产品的市场份额。

为什么这个故事对我们的技术未来如此重要？因为它象征着当真正的竞争在宽带市场点燃时会发生什么。2014 年初，联邦通信委员会新任主席汤姆·惠勒在联邦法院就网络中立性做出裁决后，发表了一份关于“开放互联网规则”的声明。在关于加强竞争的章节中，他写道：“一个明显需要仔细观察的对象，就是对城市和城镇向社区消费者提供宽带服务的能力的法律限制。”在威瑞森诉联邦通信委员会一案中，劳伦斯·西尔伯曼法官认为，联邦通信委员会的主要义务是促进竞争和消除基础设施投资的障碍。这些障碍是由有线电视公司和电信公司的现任者及其游说者设置的，他们说服了大约 20 个州的立法机构通过法案，限制市政当局进入宽带市场。西尔伯曼法官将这些法律描述为“对一个政治上强大的选区提供经济倾斜，这个选区与典型的寻租者一样，希望得到保护，从而免受市场力量的侵害”。

因此，电力委员会好斗的家伙们提议将其光纤服务扩展到周边县，但 AT&T 在田纳西州立法机构的游说者通过一项法案，使市政公用事业无法在提供宽带服务上与 AT&T 和康卡斯特等私营公司竞争。值得注意的是，联邦通信委员会支持电力委员会，并发布了抢占令，禁止田纳西州立法机构阻止电力委员会。当然，田纳西州总检察长起诉了联邦通信委员会。联邦通信委员会和电力委员会在联邦地区法院输掉了第一轮。我认为这场战斗会持续一段时间，因为垄断者讨厌一个小城市可以启动自己的网络的想法。

但是，作为一名来自加州的观察者，我在五年里七次访问查塔努加市，我看到了真正的高速宽带是如何改变一个小镇的。查塔努加市是被全球化搞砸的美国南部城市之一。布鲁金斯学会报告说："查塔努加市拥有丰富的铁路和河流资源，曾经一度是'迪克西的发电机'——一个繁华的中型工业城市，位于南方的心脏地带。到 1940 年，查塔努加市的人口集中在充满活力的市中心，它是美国最大的城市之一。然而，仅仅 50 年后，它就急剧衰落了，制造业陆续离开。" 2010 年，当我第一次访问这座城市时，在电力委员会将其光纤技术部署到家庭网络几个月后，市中心仍然都是空荡荡的厂房。2016 年，一个令人难以置信的充满活力的科技社区将许多空置的建筑提供给初创企业，作为其开放的办公空间。音乐和电影社区也至关重要，市中心有真正的夜生活，酒吧和餐馆营业很晚，还有嬉皮士。你会以为你在布鲁克林，除了食物和音乐绝对带有南方特色。2012 年，在一次户外音乐节上，安纳堡创新实验室制作了一个虚拟乡村音乐二重奏，使用超过两千英里的光纤电缆。T– 本恩 · 本内特在南加州大学里我的工作室中演出，而查克 · 米德在查塔努加市的舞台上表演。

5

“新奇士”模式与艺术家合作社

查塔努加市发生的事情触及权力下放理念的核心，也是最初万维网愿景的核心。鉴于金钱控制政府的力量在华盛顿造成的政治瘫痪，在州和市两级进行富有成效的试验是正确的。天主教会有一个名为“附属”的概念，《牛津英语词典》将其定义为“中央当局应具备附属职能，只执行那些不能更快或在地方层面有效执行的任务的理念”。尤瓦尔·莱文在他的著作《破碎的共和国：个人主义时代更新美国的社会契约》（*The Fractured Republic: Renewing America's Social Contract in the Age of Individualism*）一书中，提出了附属性存在的理由：

> 磨炼附属性的倾向将为我们提供一种从邻里、教堂、学校、社区开始共同解决问题的思考方式，并逐步成熟起来。这意味着会有一个更适合的政治制度和政府更适应当地的美国人，更好地适应我们国家现在面临的各种各样的问题，更接近问题所在，以帮助我们找到尽可能因地制宜的解决方案，然后利用我们现代的分布式网络架构来和处理类似问题的其他人教学相长，并更好地振兴我们的公民文化。

这种“放眼全球，立足本地”战略的成果之一就是合作社的概念。合作社被定义为从事生产、分销商品或提供服务的合资企业，它的成员为双方的利益而经营。在我看来，合作是创意作品的制作者团结起来，以公平的价格发行内容的理想方式。

想想美国最著名的生产者合作社——新奇士（Sunkist）种植者公司的历史吧。新奇士是一家面向加利福尼亚和亚利桑那州4000名柑橘种植者的营销和分销合作社。它由种植者自己拥有和管理，2013年的总收入为11亿美元。合作社于19世纪90年代在加利福尼亚成立，目的是让柑橘种植者拥有一定的集体权力。在合作社成立之前，包装作坊主、经销商、代理商和投机者（也就是中间人）统治着这个行业，种植者在行业控制上排在最后。他们是独立的农民，管理着5英亩[⊖]、10英亩或15英亩的小树林，没有通过组织和培训来帮助他们有效地分销产品。他们的谈判地位低下，以至于在每种作物上都有损失，而中间商获利颇丰。1893年，他们成立了南加州水果种植者交易所。通过监管运输，将水果运往需求最旺盛的地方，该交易所对种植者的财务状况产生了直接影响。到第一季结束时，种植者意识到每盒橙子的平均净价约为1美元，这一回报率远远高于上一季每盒20美分的价格。十年之内，合作社就与加州大约一半的种植者签约。1908年，该集团注册了商标“新奇士”，后来开始在所有水果上加盖商标，从而创造了第一个农产品品牌。合作社发展强劲，以至于在大萧条时期价格暴跌时，它也能够向其成员提供信贷，因此很少有人被迫卖掉他们的农场。第二次世界大战爆发时，对维生素C包装果汁的需求，使新奇士的收入保持多年增长。

我举新奇士的例子，是因为今天许多音乐家和电影制作人很像19世纪90年代的柑橘种植者。他们是产品的主要生产者，但他们

⊖ 1英亩 = 4046.856平方米。——编辑注

没有影响力，最终沦为供应链的一个末端注脚。零边际成本数字分销系统的惊人之处在于，我们忘记了它允许艺术家们经营一个非营利的分销合作社，并能保持比现在高得多的收入比例。YouTube 仅因为运营基础设施就获得了占其网站广告收入的 45% 的收益，而没有投入生产或营销资金。在最坏的情况下，运行基础设施的成本在当前收入水平下约为 5%，因此其余收入是纯利润。如果艺术家们将视频和音频流网站作为非营利合作组织来运营（也许在谷歌的一些免费专利中采用了这项技术）会怎么样？假设它们会从合作社拿走 10% 的收入，不管是来自广告还是订阅，以便运营基础设施并有资金来开展营销。艺术家会拿走剩下的 90%。然后，和网飞一样，合作社可以在全球范围内从亚马逊、微软或阿里云租用云服务。我认为这个系统可能必须从音乐行业开始，这个行业的制作成本相当低，大多数艺术家都可以使用制作自己的音乐所需的数字工具。但是当你意识到每年有一千多部独立资助的故事片制作出来，而且没有发行承诺时，发现显然也需要一个电影发行合作社。

新奇士模式在艺术领域有效吗？是的，已经有成功范例了。玛格南图片社由罗伯特·卡帕、亨利·卡蒂埃·布列松和其他十名自由摄影师在第二次世界大战结束时组成。从玛格南的官方历史中我们可以看到这个故事：

> 它是作为一个合作组织成立的，其成员（包括联合创始人玛丽亚·艾斯纳和丽塔·范迪维特）会支持而不是指导摄影师。版权将由作品的作者（而不是出版作品的杂志）持有。这意味着摄影师可以决定报道某个地方的饥荒，在《生活》杂志上发表照片，然后该机构可以

将照片出售给其他国家的杂志，如《巴黎竞赛画报》和《图片邮报》，即使摄影师在没有任务安排的情况下，机构也能为他们从事自己特别想做的项目提供条件。

70年后，玛格南仍然欣欣向荣，与它合作的艺术家能够掌控自己的作品并保持自己的激情。对于有创造力的人来说，这一点至关重要。还有迪卡，它自称是一个独立记者的全球网络，其成员包括普利策和国家杂志奖的获奖者以及入围决赛的那些人，他们每年都聚集在一起，让一个重要的话题成为焦点。

在布鲁克林，一个名为SRSLY（“Seriously”的缩写）的新电影制作人合作社（以女性电影人和女权主义内容为中心）已经开始做重要的工作。创始人之一卡罗琳·康拉德告诉《布鲁克林杂志》：“我们最大的动机之一，是为年轻的女性电影制作人提供导师和指导。遗憾的是，支持是罕见的。电影中的女性往往将彼此视为竞争对手，而不是合作者。”《纽约时报》在一篇关于音乐合作社《奇妙未来和瞬间网络暴力者》的文章中写道：“被老一辈人视为理所当然的个人成功的长期原则开始过时。从数字化赋能一对一的所有事情，从骑马到工作再到生活，新兴艺术家和企业家正在创造新的共存模式。”像玛格南图片社一样，这些合作社并不要求艺术家放弃其他分销渠道，而是让他们能够利用一系列分销窗口获得更高的收入，即使这对中间商来说意味着收入更少。这种模式以乐队园区的形式存在于音乐行业。《纽约时报》音乐评论家本·拉特里夫解释道：

乐队园区以公平地对待艺术家而闻名，是我们时代最伟大的地下文化集贸市场之一。从中，你可以按照每位艺术家认可的程度来制作音乐，或者以艺术家设定的价格购买歌曲——有时是“支付你想要的”，或者从网站订购实体产品。艺术家可得到其中的85%。艺术家能够知道谁购买了这些作品，而不会有第三方介入其中。网站上还有一个社交媒体应用程序，让消费者知道还有谁购买了这些作品，以及他们过去买过什么。这一点很重要：你可以通过不认识但可能会信任的其他人来权衡你的喜好。

我们可以想象这样的未来：艺术家们首先通过一个像乐队园区这样的网站向他们的粉丝发布作品，获得85%的订阅收入。三周后，将第二个版本发布到苹果音乐和Spotify付费网站，这位艺术家可能从中获得70%的订阅收入。四周后，发布第三个版本用于支持流媒体服务，如Spotify和YouTube，正如我所展示的那样，这位艺术家的订阅收入比例将会少得多。这样，想立即听到作品的歌迷愿意支付更多的费用，那些非铁杆歌迷可以等七周拿到唱片（此时费用要少一些）。泰勒·斯威夫特和阿黛尔都非常成功地使用过这种窗口策略，其他艺术家当然也可以这样做，只是当一些唱片公司在广告支持的流媒体服务上推迟发布他们的热门歌曲时，Spotify和谷歌（Spotify服务的主办机构，似乎在这个方向上有一些发言权）会威胁他们要去反垄断机构。

这就提出了一个问题，即传统唱片公司在合作生态系统中扮演什么角色。我的感觉是，我们最终会有一个平行的世界，在这个世界里，传统的唱片公司负责艺术家的发展并和他们一起化解风险，但只负责某些类型的艺术家。其他那些在合作社的人最终会像玛格南的成员一样，有能力创作自己的作品。他们会自行开展社交媒体推广活动，并预订自己的巡演。大名鼎鼎的艺术家可能不需要唱片公司，许多新锐独立艺术家可能也不希望与唱片公司有联系。但是在中间地带，可能有很多艺术家会留下传统的标签。在一个理想的世界里，这种分散的艺术家合作的基础架构可能会有一些地区差异，当我第一次和鲍勃·迪伦及 The Band 乐队开始合作时，这些差异有很大影响。圣安东尼奥的音乐与奥斯汀的音乐大不相同，新奥尔良不同于孟菲斯，芝加哥的节奏蓝调听起来一点也不像底特律蓝调，洛杉矶的声音也不同于旧金山的声音。尽管有地区性的嘻哈风格，但对于大多数音乐来说，地区性的风格今天并不存在。我希望可以恢复这种差异性。

6

真正好的公共媒体系统

最后，为了创造一个新的艺术复兴时代，我们需要一个真正好的公共媒体系统。我想象的是有一个资金雄厚的电视、广播和互联网服务，它整合了三个平台所有的内容和故事。目前我能找到的最好的例子是英国广播公司。每个英国家庭每年支付一小笔费用来为整个系统提供资金。在美国，我们可以通过几种方式筹集这笔钱：广播公司为使用公共广播电波支付的频谱税；对广告收入征收小额税，这很容易为公共媒体上的无广告区买单；或者出售由当地公共广播电台控制的大部分频道，并把钱用于成立信托基金，这样就有足够的收入来支付每年的制作费用。

公共媒体系统中最关键的就是地方和全球之间的平衡。我的感觉是，美国国家公共广播电台在这个方面平衡得很好。今天，美国国家公共广播电台的广播节目有3660万听众，网络内容有3320万观众。我在圣莫尼卡的KCRW就是地方－全球战略的一个强有力的例子。除了播放来自美国国家公共广播电台、美国公共媒体和国际公共广播电台的节目，KCRW还制作了4个日播节目、8个周播节目和28个播客，涵盖新闻、政治、娱乐、音乐、电影、食品、文学、设计、建筑和故事，而所有这些节目的年度预算为2200万美元。它已经成为我继续进行音乐教育的基础，也是我从其他来源，包括《洛杉矶时报》，学到更多关于当地食物、艺术和文化的方式。

当美国国家公共广播电台欣欣向荣的时候，公共电视却一片混乱。美国公共广播公司有350个电视台，而像美国全国广播公司这样的网络只有220个附属机构。这很重要，因为政府资助的公共广播公司每年将发放的大部分资金用于地方电视台，而不是国家节目。美国公共广播公司不仅缺乏节目制作资金，而且在国家节目制作计划上也没有创新。美国公共广播公司的主要节目——《大师杰作》《前线》《新星》和《美国公共广播公司新闻时段》已经持续了至少25年。甚至《芝麻街》也已投奔HBO，作为其第一期内容展示。在过去的15年里，还没有一个成功的新系列。

美国公共广播公司需要大幅缩减其资助的电视台数量。也许像佛蒙特州一样，每个州只有一个公共电视台的模式是一个可行的方向。由于90%的电视观众是通过有线或卫星接收节目的，因此可以在全州范围内设置中继发射塔来覆盖那些仍在使用天线的人。如果美国公共广播公司缩减电视台数量，将频道销售和政府拨款用于节目制作，我们将有一个真正的能替代美国商业赞助电视的选择。投资节目制作的策略在英国奏效了：数据显示，2015 年 4 月和 6 月，英国广播公司的免费商业网络每周覆盖 78.8% 的英国电视观众，观众平均每周在网络上花费 9.5 小时。不用说，英国广播公司投资的许多节目最终成为美国公共广播公司的最佳节目。

我对英国广播公司模式感兴趣的点在于，我们需要打破广告对媒体系统的控制。广告商对争议有天生的偏见——前卫的艺术对销售商品并无助益。但是艺术进步的故事都是前卫题材。毕加索不得不说服保乐得（Pernod）的一名高管支持他最早的立体派绘画。

可能一名芝加哥的可口可乐营销人员听到路易斯·阿姆斯特朗突破性的“伦敦西区布鲁斯”时，不禁会想：这有助于苏打水销售吗？我认为广告在我们这个时代的增长象征着资本主义的深刻危机。我早些时候在一本关于大停滞的书里写过：自 20 世纪 70 年代初以来，尽管生产率大幅上升，但工资中位数并没有上调。面对这种工资停滞，企业不得不在营销上花更多的钱来让消费者继续购买。当你漫步在超级市场的过道上，细细比较各种各样的洗涤剂时（它们基本上都含有相同的成分），唯一的区别是营销宣传。用汰渍洗衬衫会比用碧浪洗得更干净吗？大多数洗涤剂品牌背后只有两家公司——宝洁和联合利华，它们每年在广告上的投入都超过 80 亿美元。

随着这种令人难以置信的停滞的持续，对更具侵入性的“行为营销”的需求增加了，互联网是这种营销方式的主要渠道，既是需求方也是供给方。供给来自数十亿部智能手机上对用户数据的持续监控。需求来自广告商对发送信息的无尽需求，这些信息能识别一天中的时间、用户的情绪、用户的设备和地理位置。早在 20 世纪 50 年代中期，经济学家约翰·肯尼思·加尔布雷思就提出，总有一天“不能再假设在较高的生产水平下，福利要高于较低的生产水平。……更高水平的生产仅仅由更高水平的需求创造，需要更高水平的需求满足”。加尔布雷思的断言完美地描述了现代广告的目标：创造对我们不知道自己需要的产品的渴望。美国中产阶级和轮子上的仓鼠处于同样的地位，跑得越来越快，但相对于邻人来说毫无进步。加尔布雷思从来没有想象过，我们当下会沉溺于电子设备，并不断翻看自己的脸书页面，从中获得巨大快乐。

在大苏尔的修道院时，我读了一本 E. F. 舒马赫写的书，书名是《小而美：人们在乎的经济学》（*Small Is Beautiful: Economics as if People Mattered*），当我思考智能手机是在解放我们还是让我们沉溺于更多的消费时，有一段话吸引了我：

> 现代西方经济学家习惯于用年消费量来衡量生活水平，一直假设消费更多的人比消费更少的人更富裕。佛系经济学家会认为这种方法非常不合理：因为消费仅仅是人类幸福的一种手段，目标应该是以最少的消费获得最大的幸福。

但是谷歌、亚马逊和脸书的商业模式都是建立在这样一个假设的基础上的，即它们拥有不断唤起我们欲望的秘密公式。这可能对美国不利，但对谷歌、亚马逊和脸书再好不过。

后记

我明白，将弗朗西斯·福特·科波拉与 YouTube 网红 PewDiePie 进行对比有精英主义的倾向。我检讨，但部分原因是我骄傲地度过了我职业生涯的前 30 年，制作音乐、电影和电视，我渴望看到这些传统继续下去。我也愿意为观看这些艺术作品而消费，因为我不想错过了解艺术家对我们文化的看法的机会。艺术的持续发展对我来说很重要，我认为它对你也很重要。我知道，和我的孩子们同龄的人正在制作令人惊叹的音乐、电影、新闻和电视节目。事实上，我的女儿正在制作精彩的电影，如《无国界的野兽》和《孩子们都是对的》。但我也知道她为筹集每部电影的资金所经历的不可思议的努力。因此，如果数字革命降低了创意艺术家在社会中的作用，那么我们需要做的就不仅仅是围观。因此，当我面对音乐家、图书出版商、电影制作人和作家做关于这个话题的演讲时，我经常看到“斯德哥尔摩综合征”式的反应——“这不就是事情的真相吗？我们难道不需要认命地与谷歌、脸书和亚马逊合作吗？”观众们似乎在鹦鹉学舌，一直对技术决定论深信不疑，但毕竟这只是理解问题的某一种方式而已。

我认为，如果我们以诚实的态度对待互联网的垄断问题，有历史感，并决心保护我们都认为重要的东西，比如我们的文化遗产，情况就会发生很大的变化。我们都需要互联网提供的信息，但我们希望能够与我们的朋友分享自己的信息，而不是不知不觉地向一个公司输送利润。脸书和谷歌必须愿意改变自己的商业模式，以保护我们的隐私，并帮助数以千计的艺术家创造一个可持续发展的文化环境，而不仅仅是让几个软件设计师成为亿万富翁。我们还必须明白，经营谷歌、脸书和亚马逊的人只是处于改变世界的漫长项目的开始阶段。尤瓦尔·诺亚·赫拉利将他们的项目称为数据主义：

> 数据主义者进一步提出，只要有足够的生物数据识别和计算能力，这个包罗万象的系统就能比我们自己更了解人类。一旦发生这种情况，人类将失去他们的权威，民主选举等人文主义做法将退出历史舞台。

我们现在需要直面这种技术决定论，并采用真正可行的方案来解决危机，否则就太晚了。我以乐观和谦逊的态度来寻找这些解决方案。乐观是因为我相信摇滚乐、书籍和电影的力量可以影响世界。

正如作家托尼·莫里森所说："艺术的历史，无论音乐、文字还是其他，一直都是血腥的，因为独裁者、执政者以及想要控制和欺骗社会的人都清楚地知道哪些人将影响他们的计划。这些人就是艺术家。他们是道出真相的人，也是社会必须保护的人。"我知道勇敢和热情的艺术是值得保护的，它不只是全球广告垄断者吸引点击的诱饵，还可以改变生活。

当然，在1965年的纽波特民间艺术节上亲耳听到了鲍勃·迪伦的电音后，我这个以前一心想当律师的普林斯顿大学新生变成了摇滚乐的热情追随者，并从娱乐业获得了不错的收入。我的乐观精神在1996年也表现出来了，当时我和其他人一起创建了第一批流媒体视频点播服务平台，在1996年，只有乐观主义者能做成功。我的乐观主义让我更加谦卑，因为宽带的普及比我想象的要慢得多，我知道只有谦卑的人才能看清未来。

我认为，我们这一代中的许多人都有一种建立乌托邦的冲动（应该注意到，这与理想主义不同），但这种冲动会像短期记忆一样悄悄溜走。我觉得需要再次引用马丁·路德·金的话，他在被刺杀的前一天晚上说："我可能不会和你一起到达那里，但我相信应许之地。"我们这一代人知道，走向更好的社会的道路是漫长的，但我们希望我们的子孙可以生活在那片土地上，即使我们不能和他们一起到达那里。重建可持续文化的道路可能比我们想象的还要漫长。如果要我预测未来，我希望看到伯纳斯－李的"再次去中心化"的互联网的梦想，一个对监控营销依赖更少的互联网，创意艺术家能在一系列非营利的分销合作社中利用网络的零边际成本经济来过上体面的生活。我不幻想现有的文化营销的商业结构会消失，但我希望我们能建立一个平行的结构，让所有创作者受益。这种情况成为现实的唯一途径是，在彼得·泰尔的“政治和技术之间的致命竞赛”中，民众的声音必须获胜。谷歌、亚马逊和脸书看起来像仁慈的财阀，但财阀的时代已经过去了。

致谢

这本书源于2015年夏天我在阿斯彭思想节上的一次演讲。感谢沃尔特·艾萨克森、查理·费尔斯通、吉蒂·布恩和约翰·西利·布朗的极力促成。我的经纪人西蒙·利普斯卡鼓励我把它写成一本书，并把我介绍给此书的编辑——小布朗公司的瓦妮莎·莫布里，正是瓦妮莎帮助我真正实现了成书的愿景，对此我心存感激。

本书中的大部分观点源自我在南加州大学安纳堡传播与新闻学院担任教授期间的思考。很幸运我能在两位杰出的院长杰弗里·科万和爱尔勒斯特·威尔逊手下工作。我也很幸运，来到南加州大学时，曼努埃尔·卡斯特尔斯教授正好成为安纳堡的教授。曼努埃尔指导我，让我了解网络的力量。从那时起，他就一直影响着我。威尔逊院长一直支持我在过去6年中所领导的安纳堡创新实验室的工作。在实验室里，我与亨利·詹金斯、弗朗索瓦·巴、加布里埃尔·卡恩、伊丽莎白·库里德·哈尔克特和罗伯特·埃尔南德斯等出色的研究员共事。管理实验室的工作人员——艾琳·赖利、雷切尔·梅雷迪思、索菲·马德杰和阿尼诺伊·马哈帕特拉让每个项目都成为一种突破性的体验，他们教给我的东西远多于我能给他们的。

我的工作经验主要在电影、电视和音乐领域，本·艾伦和芭芭拉·克拉克在图书制作方面给了我无私的指导。萨布丽娜·卡拉汉和劳伦·拉赛尔也是如此。

在为艺术家争取权利的斗争中，我从我的同事T-本恩·本内特、大卫·罗维利、布莱恩·麦克尼利斯、克里斯·卡丝尔和杰弗里·鲍克斯那里都得到过灵感。我们都知道这是一场与强大力量的长期斗争，但没有人屈服。

最后，我要向我的妻子玛吉和我们的孩子——丹尼拉、尼克和布莱斯表示深深的谢意。为你们提供更好的生活是我工作的动力，而你们的爱让我安心。